TABLA DE VITAMINAS
SALES MINERALES
OLIGOELEMENTOS

Doctor Ph. Dorosz

TABLA DE VITAMINAS SALES MINERALES OLIGOELEMENTOS

NECESIDADES DIARIAS PARA CADA TIPO DE PERSONA
CONTENIDO DE LOS ALIMENTOS Y BEBIDAS MÁS COMUNES

HISPANO EUROPEA

Asesor Técnico: **Santos Berrocal**

Título de la edición original:
Vitamines sels minéraux oligo-éléments.

Es propiedad, 1996
© **Maloine, S. A. éditeur.** París (Francia).

© de la edición en castellano, 2008:
Editorial Hispano Europea, S. A.
Primer de Maig, 21 - Pol. Ind. Gran Via Sud
08908 L'Hospitalet - Barcelona, España.
E-mail: hispanoeuropea@hispanoeuropea.com

© de la traducción: **Fernando Ruiz Gabás**

Depósito Legal: B. 39475-2008

ISBN: 978-84-255-1355-8

Sexta edición

Consulte nuestra web:
www.hispanoeuropea.com

IMPRESO EN ESPAÑA   PRINTED IN SPAIN

COMGRAFIC, S. A. - LLULL, 105-107, - 08005 BARCELONA

ÍNDICE

PREFACIO

Lego, quaeso!
Lea, se lo ruego»

Nuestro colega Philippe DOROSZ reincide... Y se comprende. En efecto, acaba de obtener un notable éxito de ventas con su librito «TABLA DE CALORÍAS», publicado por esta misma Editorial, que nos recuerda, para cada alimento, su valor calórico y su composición en proteínas, grasas e hidratos de carbono.

Ahora nos presenta una tabla de los contenidos en vitaminas, sales minerales y oligoelementos.

Cada vez más, gracias al esfuerzo de los nutricionistas, el público percibe el interés, incluso la necesidad de un aporte equilibrado, regular y conveniente de estos elementos nutritivos básicos, complementos obligados de las proteínas, las grasas y los hidratos de carbono. Su papel en el mantenimiento de un buen estado de salud está fuera de dudas. Sin embargo, no siempre se cubren las necesidades. Varios factores entran en juego. No todos estamos en la misma situación... Nuestros comportamientos biológicos son diferentes, dependiendo en gran parte de nuestra herencia genética.

Con demasiada frecuencia nuestras raciones no se adaptan lo suficiente a nuestras necesidades, y entonces la alimentación llamada normal es franca o marginalmente deficitaria en un determinado mineral o en una vitamina concreta.

Esta eventualidad se presenta en el curso de estados fisiológicos o patológicos que incluso requieren necesidades mayores. Tal es el caso del embarazo, las convalecencias, incluyendo postoperatorios, y sus déficits frecuentemente no aparentes.

Algunos ejemplos, entre otros muchos posibles, pueden dar testimonio de ello.

El contenido en flúor de la leche materna condiciona en gran parte el porvenir cariogénico de la dentadura del futuro niño. El magnesio aporta la serenidad física y psíquica en los diversos estados llamados espasmó-

PREFACIO

filos, o sencillamente de astenia o de fatiga, mal definidos y mal controlados: Así pues, ¡relega a los tranquilizantes al fondo del botiquín!

Hay otros minerales que intervienen en nuestro modo de ser, nuestra forma física e intelectual: el calcio, el fósforo, el hierro, el yodo, el cinc, etc.

Si la hipertensión arterial nos acecha, aunque ya empieza a hablarse de ello, vigilemos los consumos excesivos de sodio.

En lo concerniente a las vitaminas, la carencia del grupo B y de su jefe de filas, la vitamina B_1, es habitual en los estados prealcohólicos y alcohólicos.

Recordemos la vitamina B_{12} y la anemia perniciosa, la vitamina D en la prevención del raquitismo en el joven, y de la desmineralización ósea dolorosa en la persona de edad…

La vitamina C se comporta como un dopante fisiológico, facilitando la reconstrucción celular y la recuperación de la forma.

Para un funcionamiento óptimo, nuestro organismo debe tener a su disposición un buen acúmulo de minerales y vitaminas, que debe ser aportado por la ración alimentaria. Cada uno debe preocuparse de este avituallamiento específico mineral-vitamínico, que completa necesariamente el aporte energético de las proteínas, las grasas y los hidratos de carbono.

Por consiguiente, es muy útil conocer los contenidos respectivos de nuestros alimentos en estos elementos.

Si, por fortuna, apreciamos la buena comida, es necesario que todos seamos cada vez más conscientes de la importancia fisiológica de una alimentación apropiada. De ello depende la salud individual, la tranquilidad de nuestro entorno… y también la salud colectiva.

Auguramos a este librito el mismo éxito que al anterior.

Lo merece por su presentación tan clara como práctica.

Las nociones que indica deben, desde ahora, formar parte del patrimonio cultural del hombre civilizado de este siglo.

Profesor Hugues GOUNELLE DE PONTANEL
Antiguo Vicepresidente de la Unión Internacional de Ciencias de la Nutrición
Presidente en 1983 de la Academia Nacional Francesa de Medicina

LAS VITAMINAS

Algunas enfermedades, de las que ahora se sabe que son debidas a falta de vitaminas, son conocidas desde hace siglos, como es el caso del escorbuto, que afectaba ya a los cruzados, o más cerca de nosotros a los navegantes de las grandes expediciones marítimas del siglo XVI, o del beriberi, observado en China desde la antigüedad.

Sin embargo, fue necesario esperar a principios del siglo XX para que se atribuyeran los síntomas de estas enfermedades a la carencia de alguna cosa en la alimentación, especialmente después de las observaciones del doctor Eijkmann, médico holandés. En efecto, éste pensó en relacionar los síntomas de beriberi que había observado en algunos enfermos con su alimentación uniforme, constituida casi exclusivamente por arroz descascarillado, y consiguió curar estos trastornos reemplazándolo por arroz integral.

El descubrimiento en la cáscara del arroz del elemento cuya carencia provocaba el beriberi, fue realizado por Funck en 1912, quien denominó a este elemento *vitamina* (amina necesaria para la vida). Esta vitamina es la vitamina B_1.

Las otras vitaminas se descubrieron a continuación, en la primera mitad del siglo XX. Se ha averiguado su estructura y se ha conseguido fabricarlas.

Así pues, una vitamina es una sustancia indispensable para la vida, cuya privación conduce a manifestaciones de carencia, de aparición más o menos larga según el estado de las reservas del organismo, y que éste debe encontrar en sus alimentos.

Las vitaminas no aportan ninguna caloría. En esto son diferentes de los nutrientes energéticos que son los prótidos o las proteínas, los lípidos o las grasas, y los glúcidos o hidratos de carbono.

Las vitaminas son sustancias de origen orgánico, lo que las distingue de los oligoelementos y de las sales minerales, también necesarios en la alimentación de los organismos vivos.

Se distinguen por último de las hormonas, que también son sustancias orgánicas necesarias para la vida en cantidades muy débiles, pero que pueden ser elaboradas por el organismo, cosa que no sucede con las vitaminas.

La vitamina D representa en este sentido una de las únicas vitaminas que se acerca a una hormona, pues se elabora a nivel de la piel bajo el influjo de los rayos ultravioletas del sol.

Las vitaminas se clasifican habitualmente en dos grandes grupos:

- Las *vitaminas liposolubles*, es decir solubles en las grasas, que son la vitamina A, la vitamina D, la vitamina E y la vitamina K.
- Las *vitaminas hidrosolubles*, es decir solubles en agua, y por tanto mucho más susceptibles que las anteriores a ser eliminadas con la cocción de los alimentos. Son las vitaminas del grupo B (que tienen propiedades diferentes pero que se hallan en las mismas categorías de alimentos), y la vitamina C.

Las cantidades de vitaminas que se requieren son extremadamente mínimas: se sitúan entre algunos microgramos y algunos miligramos por día.

En los países industrializados son raras las carencias vitamínicas, y el régimen alimentario habitual es más que suficiente, tanto en calidad como en cantidad, para asegurar una cobertura vitamínica adecuada.

Se puede pensar, sin embargo, que un déficit vitamínico modesto pero prolongado puede alterar las funciones del organismo, antes de que éste presente señales manifiestas de carencia, y así se oye afirmar a menudo que un «aporte suplementario de vitaminas es bueno para la salud»

En realidad, los «aportes recomendados» de vitaminas son más bien elevados, pues se han fijado con un margen de seguridad importante.

Por otra parte, diversos estudios serios han demostrado que la toma cotidiana, por parte de personas «con buena salud» de *medicamentos que contengan todas las vitaminas* no tenía verdaderamente beneficio real alguno.

Esto no significa que en ciertos grupos de población llamados «grupos de riesgo» (personas con buena salud, pero expuestas a ciertos riesgos) un aumento *específico* de las necesidades no pueda justificar *un aporte suplementario de una u otra vitamina*, sabiendo que la administración de vitaminas en dosis excesivas puede ser nefasta. Es necesario tener en cuenta, que es posible intoxicarse con la vitamina D y con la vitamina A, y que la administración a mujeres encintas de dosis demasiado fuertes de vitaminas A o D, o incluso de vitamina C, puede implicar problemas en los recién nacidos.

Los factores que definen a estos grupos de riesgo son muy diversos:

● Insolación insuficiente (bebés y niños durante los primeros años, personas mayores que viven confinadas dentro de su habitación, sobre todo las mujeres de edad avanzada) que hacen necesario un aporte de vitamina D.

● Tabaquismo, que aumenta las necesidades de vitamina C.

● Alcoholismo, que aumenta las necesidades de vitaminas del grupo B, especialmente de las vitaminas B_1, B_6 y B_9.

● Contaminantes del medio ambiente, que aumentarían las necesidades de vitamina A.

● Toma prolongada de píldoras anticonceptivas que contengan estroprogestágenos, lo cual aumenta en las mujeres las necesidades de vitamina B_6 y de vitamina A.

● Toma prolongada de algunos medicamentos que pueden crear carencias vitamínicas, especialmente los utilizados contra las convulsiones, la tuberculosis, etc.

● Regímenes desequilibrados o abusivamente restrictivos, en particular en el caso de los obesos, los sujetos de edad avanzada y los adolescentes (que con frecuencia se alimentan de manera muy caprichosa, a pesar de sus necesidades vitamínicas elevadas).

● Embarazo y lactancia materna, periodos durante los cuales también se incrementa el conjunto de necesidades vitamínicas.

Aparte de estos grupos de riesgo, puede decirse que una utilización masiva de vitaminas por parte de las poblaciones de los países industrializados es contraproducente, ya que en estos países la alimentación es suficientemente rica como para cubrir las necesidades vitamínicas, ¡al contrario que los países que son víctimas de la desnutrición!

Además de los gastos inútiles que implica la utilización sin mesura de las vitaminas, y de los efectos tóxicos que pueden producirse con algunas de ellas, el consumo abusivo de vitaminas puede obstaculizar y retrasar el diagnóstico de ciertas enfermedades, y también interferir con ciertos tratamientos. Así pues, deberían emplearse, al igual que todos los demás medicamentos, únicamente después de un diagnóstico médico preciso y para indicaciones específicas, y no como «fortificantes» o como «estimulantes».

VITAMINA A (Retinol)

La vitamina A, retinol o axeroftol, es conocida desde hace tiempo por su papel esencial sobre el órgano de la vista. Efectivamente, es necesaria para la formación de los pigmentos visuales de la retina que permiten la adaptación de la visión cuando disminuye la luz. Uno de los primeros signos de la carencia de vitamina A es la disminución de la visión en el crepúsculo.

Ésta no es la única función de la vitamina A, que tiene otros numerosos papeles esenciales, especialmente como factor de crecimiento y de renovación de las células de la piel y de las mucosas, y que interviene también en la resistencia del organismo a las infecciones, en la formación de ciertas hormonas. Las numerosas funciones de esta vitamina, por otra parte, no son totalmente conocidas.

Al contrario que otras vitaminas (la vitamina B_1, por ejemplo) el organismo humano tiene reservas bastante importantes de vitamina A, especialmente a nivel del hígado, que contiene normalmente cantidades suficientes para cubrir las necesidades durante varios meses. Esto explica que las carencias de vitamina A sean bastante raras en los países industrializados, contrariamente a lo que sucede en los países donde reina la desnutrición.

La importancia de estas reservas explica que se puedan dar (al igual que con la vitamina D) intoxicaciones por vitamina A si se realizan aportes excesivos, ya sea bajo forma de medicamentos, ya por sobreconsumo de alimentos ricos en vitamina A (aceites de hígado de pescado, por ejemplo).

Sin embargo, estas reservas son menos importantes en el niño pequeño, en caso de desnutrición, de diarrea prolongada, de enfermedad hepática, biliar o parasitaria.

Necesidades (ver tabla)

Las necesidades de vitamina A varían según la edad y el sexo entre 400 y 1.000 equivalentes retinol (E.R.) por día, o sea 1.400 a 3.300 unidades internacionales, y en general están ampliamente aseguradas con una alimentación normal.

Son más elevadas en las mujeres que utilizan la píldora anticonceptiva (3.300 UI), durante el embarazo (4.000 UI), y durante la lactancia materna (4.600 UI).

Igualmente, estas necesidades son más elevadas en los sujetos que fuman o que están sometidos a una fuerte contaminación del medio ambiente, y que deberían beneficiarse entonces de un aporte suplementario de alrededor de 200 E.R. o 600 UI por día (o sea, 3.300 UI en la mujer, y 4.000 UI en el hombre).

Fuentes alimentarias (ver tablas de páginas 16 y 17)

El organismo humano tiene varias fuentes alimentarias de vitamina A:

Aportes cotidianos recomendados de vitamina A *		
Bebés < 6 meses	1.400 UI o	400 E.R.
Niño de 6 a 12 meses	1.400 UI o	400 E.R.
Niño de 1 a 3 años	1.400 UI o	400 E.R.
Niño de 4 a 9 años	2.000 UI o	600 E.R.
Niño de 10 a 12 años	2.670 UI o	800 E.R.
Adolescentes, chicos	3.300 UI o	1.000 E.R.
Adolescentes, chicas	2.670 UI o	800 E.R.
Hombre adulto	3.300 UI o	1.000 E.R.
Mujer adulta	2.670 UI o	800 E.R.
Mujer encinta	4.000 UI o	1.200 E.R.
Madre lactante	4.600 UI o	1.400 E.R.

* Los aportes en vitamina A se expresan en equivalente retinol (E.R.) o en unidades internacionales (UI): 1 E.R. = 3,333 UI (o sea 1 µg de retinol).

● La vitamina A_1 o retinol, aportada por los alimentos de origen animal: hígado, yema de huevo, mantequilla, pescados grasos y semigrasos, riñones, quesos, leche desnatada.

● La vitamina A_2 o dehidrorretinol, que se encuentra en el hígado de los pescados y en los aceites de hígado de pescados.

● Las provitaminas A (especialmente el caroteno) que se transforman en el organismo en vitamina A, suministradas sobre todo por ciertos vegetales (zanahorias, parte verde de las hojas, endivias, tomates, y ciertos frutos).

Estas provitaminas A pueden reemplazar totalmente a los aportes de vitamina A de origen animal.

Correspondencia de las unidades

1 equivalente retinol (E.R.)	= 1 microgramo de retinol
	= 6 microgramos de caroteno
	= 3,3 unidades internacionales
1 unidad internacional (UI)	= 0,3 microgramos de retinol
	= 1,8 microgramos de caroteno
	= 0,3 equivalente retinol

Carencia de vitamina A

Las carencias profundas de vitamina A son rarísimas en los países industrializados, al contrario que en las regiones del mundo víctimas de desnutrición, donde son bastante frecuentes, en especial en los niños pequeños.

La avitaminosis A se manifiesta en los niños varios meses después de su destete, cuando se han agotado las reservas de vitamina A constituidas durante la lactancia materna.

La primera señal de carencia de vitamina A es una disminución de la visión en el crepúsculo (nictalopía). Después la evolución sigue con lesiones de la córnea y de la conjuntiva que pueden llevar a la ceguera. Estas lesiones del ojo van asociadas a un retraso del crecimiento y a lesiones de la piel (sequedad y descamación) y de las mucosas, frecuentemente acompañadas por diarrea.

Intoxicación: Hipervitaminosis A

Al igual que con la vitamina D, existen riesgos de intoxicación por vitamina A (que se almacena en el hígado). Estas intoxicaciones son debidas en la mayor parte de los casos a un consumo excesivo de medicamentos que contienen vitamina A o de aceites de hígado de pescados (de fletán, de bacalao, o de atún).

Interacciones medicamentosas y alimentarias

Existe un crecimiento de las necesidades de vitamina A en las mujeres que toman la píldora anticonceptiva, cuyas necesidades son iguales a las del hombre (o sea, 3.300 UI por día).

Por otra parte, el consumo prolongado de aceite de parafina (como laxante o en lugar de otros aceites en el marco de un régimen hipocalórico) puede disminuir la absorción de la vitamina A (al igual que la de otras vitaminas liposolubles).

VITAMINA D (Calciferol)

La vitamina D, calciferol, o vitamina antirraquítica, es bastante diferente de las otras vitaminas, en el sentido de que, si por una parte es aportada por ciertos alimentos (en realidad bastante poco numerosos), su fuente principal es la que realiza el propio organismo, que tiene posibilidad de fabricarla a nivel de la piel (a partir de los elementos aportados por la alimentación en cantidades importantes) pero únicamente si la exposición al sol es suficiente. En efecto, esta elaboración de vitamina D por la piel se efectúa bajo la influencia de los rayos ultravioleta

Alimentos de origen animal ricos en vitamina A (en UI para 100 gramos)	
Aceite de hígado de fletán............	2 a 40 millones
Aceite de hígado de esturión..........	4 millones
Aceite de hígado de atún..............	0,5 a 6 millones
Aceite de hígado de bacalao..........	60.000 - 350.000
Hígado de pescados	30.000 - 500.000
Hígado de pavo	100.000
Hígado de becerra....................	30.000
Hígado de cerdo	26.000
Hígado de carnero....................	16.000
Hígado de ternera	16.000
Hígado de cordero....................	10.000
Yema de huevo	3.000
Anguila..............................	2.500
Mantequilla..........................	2.500
Congrio, pez espada	1.600
Riñones	1.000
Quesos..............................	1.000
Nata fresca..........................	800
Sardinas en aceite...................	700
Huevo entero (unidad)................	500
Anchoas.............................	500
Fletán...............................	400
Acedía	300
Caballa, atún	300
Sardinas frescas	300
Salmón fresco	300
Carpa, lamprea	200
Leche entera (100 ml)	170
Yogur natural	100
Leche semidesnatada (100 ml)	70

emitidos por el sol.Esto explica que las necesidades de vitamina D sean
nulas si la exposición solar es suficiente.

Alimentos vegetales ricos en provitaminas A (en UI de vitamina A para 100 gramos)	
Zanahorias	6.600
Acedera	6.000
Perifollo	3.300
Perejil fresco	2.800
Albaricoques secos	2.500
Espinacas	2.100
Cardillos	2.100
Berros	1.600
Boniato	1.600
Cebolleta	1.600
Col, brócoli	1.500
Acelgas	1.000
Ciruelas	1.000
Nectarinas	1.000
Puerros	1.000
Escarola	1.000
Calabaza	1.000
Lechuga	1.000
Albaricoques frescos	660
Endivias	630
Caqui, mangos	550
Tomates	500
Cogollos	440
Aguacate	300
Melocotones	280
Germen de trigo	220
Mandarinas	190
Judías verdes, calabacines	170
Melones	170
Guisantes	150

Existen dos formas principales de vitamina D que, sin embargo, tienen la misma actividad:

● La vitamina D_3 (colecalciferol) producida por la piel bajo la acción de los rayos ultravioleta, pero igualmente presente en los alimentos de origen animal (aceites de hígado de pescados especialmente).

● La vitamina D_2 (ergocalciferol) obtenida por síntesis a partir de una sustancia, el ergosterol, que se halla en ciertos alimentos de origen vegetal (champiñones, levaduras y cereales): esta vitamina D_2 se utiliza para el tratamiento preventivo y curativo del raquitismo.

La vitamina D juega un papel esencial en la absorción del calcio a nivel del intestino, y es necesaria para la fijación de este calcio en los huesos, es decir para su crecimiento y su renovación. Su carencia conduce al raquitismo en los niños, y a su equivalente, llamado osteomalacia, en los adultos.

Necesidades (ver tabla en página siguiente)

Las necesidades de vitamina D son teóricamente nulas si la exposición del cuerpo al sol es suficiente, ya que entonces quedan aseguradas por el propio organismo.

Un aporte de vitamina D (del orden de 400 a 600 UI por día, generalmente bajo forma medicamentosa) es necesario en los países de insolación débil, sobre todo en los niños durante los dos o tres primeros años de vida, y después durante el invierno hasta la edad de 4 a 5 años. Se recomiendan dosis dobles (800 a 1.200 UI por día) para los niños con piel pigmentada (ya que esta pigmentación limita la penetración a través de la piel de los rayos ultravioleta).

En los niños de más edad, los adolescentes y los adultos, generalmente es suficiente la insolación.

Sin embargo, puede ser necesario un aporte adicional de vitamina D (400 UI por día) en los sujetos que viven confinados, con insuficiente insolación, y muy particularmente en las personas mayores.

Por otra parte, las necesidades de vitamina D se incrementan en las mujeres encintas o las madres lactantes, a las cuales se puede recomendar un aporte de 400 a 600 UI por día.

Fuentes alimentarias (ver tabla en página 21)

Los alimentos que contienen vitamina D son bastante poco numerosos: se encuentra sobre todo en los aceites de hígado de pescados (en concentraciones elevadas), y en cantidades menores en ciertos pescados grasos, en los huevos (sobre todo en la yema), en la mantequilla, en los champiñones, en los hígados de animales y en la leche.

Carencia de vitamina D

Es ante todo una carencia de insolación, pero se pueden observar también deficiencias en vitamina D en ciertas enfermedades (malabsorción intestinal, insuficiencia hepatobiliar, insuficiencia renal, síndromes nefróticos) y en casos de ingesta prolongada de ciertos medicamentos (anticonvulsivos).

Existen también problemas hereditarios no muy frecuentes que afectan al metabolismo o a la actividad de la vitamina D, y que necesitan tratamientos particulares.

Aportes cotidianos recomendados de vitamina D*		
Prematuros	600	UI
Bebés < 6 meses	400	UI
Niño de 6 a 12 meses	400-600	UI
Niño de 1 a 3 años.	400-600	UI
Niño de 4 a 9 años.	400	UI
Niño de 10 a 12 años.	400	UI
Adolescentes, chicos	400	UI
Adolescentes, chicas	400	UI
Hombre adulto	400	UI
Mujer adulta	400	UI
Mujer encinta	600	UI
Madre lactante	600	UI
1 UI = 1 unidad internacional = 0,025 microgramos de vitamina D		

En el niño, la carencia se traduce en raquitismo, caracterizado por deformaciones del esqueleto, retraso y problemas de la dentición, fracturas espontáneas, y una interrupción del crecimiento en los casos graves.

Intoxicación: Hipervitaminosis D

Lo mismo que sucede con la vitamina A, los aportes excesivos de vitamina D pueden implicar una hipervitaminosis o intoxicación vitamínica, especialmente con las formas medicamentosas. Esta hipervitaminosis se traduce en una pérdida de apetito, sed intensa, náuseas, vómitos, y después insuficiencia renal.

Aunque el raquitismo prácticamente ha desaparecido en la mayoría de países, gracias al empleo de la vitamina D en los niños pequeños, es muy importante no sobrepasar las dosis prescritas por el médico.

Interacciones medicamentosas

Ciertos medicamentos administrados de manera prolongada pueden implicar una deficiencia de vitamina D, y exigir un aporte suplementario: son ante todo los medicamentos antituberculosos (isoniacida, rifampicina), y los medicamentos anticonvulsivos (fenobarbital, fenitoína, primidona).

La utilización prolongada de aceite de parafina (como laxante o en lugar de otros aceites en el marco de un régimen hipocalórico), o de colestiramina (resina utilizada en ciertas hipercolesteremias), puede implicar un fallo en la absorción de la vitamina D (y de otras vitaminas liposolubles), y exigir igualmente un aporte vitamínico (por vía inyectable en este caso, debido al fallo de absorción intestinal).

VITAMINA K (Fitomenadiona)

La vitamina K, vitamina antihemorrágica, filoquinona, o fitomenadiona, es necesaria para la formación por el hígado de cuatro factores indispensables para la coagulación de la sangre (factores II, VII, IX y X).

LAS VITAMINAS

Contenido de los alimentos en vitamina D	
(en UI para 100 gramos)	
Aceite de hígado de fletán	2 a 4 millones
Aceite de hígado de carpa	1 millón
Aceite de hígado de atún	200.000-600.000
Aceite de hígado de caballa	212.000
Aceite de hígado de acedía	76.000
Aceite de hígado de salmón	40.000
Aceite de hígado de merluza	14.800
Aceite de hígado de platija	8.800
Aceite de hígado de bacalao	8.520
Aceite de hígado de raya	4.800
Anguila	4.400
Sardinas	1.600
Atún	1.000
Arenque	280-1.600
Esturión	200-800
Salmón	200-800
Platija, caballa, lenguado	600
Lamprea	200-600
Yema de huevo	200-280
Champiñones	160
Mantequilla	100
Hígado de pollo	80
Huevo entero (unidad)	50
Fletán	40
Quesos	40
Gérmenes de trigo	28
Hígado de buey	20
Hígado de cerdo	20
Hígado de ternera	20
Leche (100 ml)	4-8

La aportan algunos alimentos vegetales y las harinas de pescados, pero este aporte no es indispensable en el hombre, ya que normalmente la producen las bacterias intestinales (salvo en el recién nacido, cuyo intestino es estéril al principio).

Las únicas causas de falta de vitamina K son las carencias de absorción en el curso de enfermedades graves del hígado, de las vías biliares o del intestino, que necesitan entonces un tratamiento medicamentoso.

Alimentos ricos en vitamina K (en miligramos para 100 gramos)	
Harinas de pescados	15
Hígado de cerdo	0,4 - 0,8
Col rizada	0,7
Espinacas	0,41
Col de Bruselas	0,17
Bróculi	0,14
Lechuga	0,12
Hígado de buey	0,1 - 0,2
Hígado de ternera	0,1 - 0,2
Carnes	0,1 - 0,2
Berro	0,08

VITAMINA E (Tocoferol)

La vitamina E o tocoferol es una vitamina liposoluble y constituye una mezcla de varios tocoferoles, muy extendidos en los productos de origen animal o vegetal, de los cuales el más importante es el alfatocoferol.

Esta vitamina tiene múltiples efectos, especialmente un papel general de antioxidante (protección de ciertos elementos necesarios para el funcionamiento de las células del organismo, contra su oxidación). Actúa al nivel de los glóbulos rojos evitando su excesiva fragilidad y su destrucción (hemólisis), al nivel de las plaquetas sanguíneas evitando su agregación excesiva (riesgo de trombosis), y también al nivel de diversas enzimas.

A dosis elevadas, la vitamina E tiene una acción interesante sobre el colesterol: aumenta el «colesterol bueno» y disminuye el «colesterol malo».

La vitamina E se almacena en numerosos tejidos del organismo, y existen reservas importantes al nivel del hígado (que contiene varios gramos en el hombre) y en los tejidos grasos.

Necesidades (ver tabla de página 24)

Las necesidades de vitamina E están comprendidas entre 3 y 15 miligramos por día, y una alimentación normal las satisface ampliamente. Son más elevadas en las mujeres encintas o las madres lactantes (15 miligramos por día). Estas necesidades son tanto más elevadas cuanto más rica sea la alimentación en grasas poliinsaturadas (grasas de origen vegetal), pues la vitamina E tiene un papel protector contra la oxidación de estas grasas.

Fuentes alimentarias (ver tabla de página 25)

La vitamina E es muy abundante en los alimentos, tanto de origen animal como vegetal.

Los alimentos más ricos en vitamina E son los aceites vegetales (en particular los aceites de gérmenes de cereales) y en los propios gérmenes de cereales, pero también se encuentra, en cantidades más débiles, en la mantequilla, el hígado, los huevos, la leche, las carnes, y en ciertos vegetales (espárragos, espinacas, puerros, zanahorias, etc.).

Carencia de vitamina E

No existe carencia espontánea de vitamina E en el hombre, salvo en ciertos recién nacidos, particularmente los prematuros, donde esta carencia puede implicar una anemia debida a una fragilidad excesiva de los glóbulos rojos (anemia hemolítica).

Ciertas enfermedades poco comunes (anomalías congénitas de las vías biliares, mucoviscidosis, pancreatitis crónica, y diversas malabsorciones) pueden causar, por otra parte, una carencia de absorción de la

Aportes cotidianos recomendados de vitamina E *	
Bebés < 6 meses	3 - 4 miligramos
Niño de 6 a 12 meses	3 - 4 miligramos
Niño de 1 a 3 años.	5 - 7 miligramos
Niño de 4 a 9 años.	10 - 15 miligramos
Niño de 10 a 12 años.	10 - 15 miligramos
Adolescentes, chicos	12 - 15 miligramos
Adolescentes, chicas	12 - 15 miligramos
Hombre adulto	12 - 15 miligramos
Mujer adulta	12 - 15 miligramos
Mujer encinta	15 miligramos
Madre lactante	15 miligramos
* 1 miligramo de acetato de alfatocoferol corresponde a 1 unidad internacional (UI) de vitamina E.	

vitamina E, implicando problemas neurológicos de instalación muy progresiva.

Efectos indeseables

No existe sobredosis de vitamina E, aun cuando se administren dosis elevadas, tal como se hace en ciertas afecciones (hipercolesteremias particularmente).

Por otra parte, los tocoferoles están autorizados como aditivos alimentarios por su efecto antioxidante (E 306, E 307, E 308 y E 309).

Interacciones medicamentosas

Es necesario saber que las dosis muy fuertes de vitamina E (más de un gramo por día) pueden aumentar la acción de ciertos medicamentos anticoagulantes, y ser causa de hemorragias en los enfermos sometidos a estos tratamientos.

Alimentos ricos en vitamina E	
(en miligramos para 100 gramos)	
Aceite de germen de trigo	150 - 500
Aceite de soja.	144
Aceite de girasol.	57
Margarinas con girasol.	43
Aceite de colza.	25
Aceite de cacahuete.	15 - 30
Aceite de maíz	22
Aceite de oliva	15 - 20
Germen de trigo	3 - 50
Germen de maíz.	16
Germen de cebada.	14
Chocolate	5,3
Yema de huevo.	3
Nuez de coco fresco.	2,7
Espárragos, espinacas.	2,5
Mantequilla	2 - 3
Tocino	2 - 3
Hígado de buey	1,5
Hígado de ternera	1,5
Pan integral	1,3
Puerros.	1
Leche de mujer (100 ml)	0,7
Melocotones.	0,6
Huevo entero (unidad)	0,5
Plátanos, manzanas, peras	0,5
Zanahorias, lechuga.	0,5
Apio, col	0,3
Carnes	0,3 - 0,7
Pan blanco	0,2
Leche de vaca (100 ml)	0,1

VITAMINA B$_1$ (Tiamina)

La vitamina B$_1$, también conocida como tiamina o aneurina, es una vitamina indispensable para el metabolismo normal de los glúcidos o hidratos de carbono. Es necesaria para la formación de una enzima que permite la degradación y la asimilación de los glúcidos, y juega un papel importante en el funcionamiento del sistema nervioso.

Su carencia se pone de manifiesto a través de problemas muy graves de tipo nervioso, psíquico, y cardiovasculares.

Al contrario que otras vitaminas (la vitamina A, por ejemplo) el organismo humano no es capaz de acumular reservas de la vitamina B$_1$. Por eso debe encontrarse *cotidianamente* en cantidades suficientes en su alimentación.

Necesidades (ver tabla)

Las necesidades diarias de vitamina B$_1$ varían en función de la edad, del peso, de la intensidad del metabolismo, de la actividad física. Se sitúan como promedio en 0,5 miligramos por 1.000 calorías para un adulto, o sea 1,3 a 1,5 miligramos por día, y un poco más en el caso de mujeres encintas o madres lactantes (1,8 mg por día).

Aportes cotidianos recomendados de vitamina B$_1$	
Bebés < 6 meses	0,3 miligramos
Niño de 6 a 12 meses	0,4 miligramos
Niño de 1 a 3 años.	0,7 miligramos
Niño de 4 a 9 años.	0,8 miligramos
Niño de 10 a 12 años.	1,2 miligramos
Adolescentes, chicos	1,3 - 1,5 miligramos
Adolescentes, chicas	1,3 - 1,5 miligramos
Hombre adulto	1,3 - 1,5 miligramos
Mujer adulta	1,3 - 1,5 miligramos
Mujer encinta	1,8 miligramos
Madre lactante	1,8 miligramos

Estas necesidades medias aumentan cuando la alimentación es muy rica en hidratos de carbono, y también cuando implica un aporte regular de bebidas alcohólicas.

Fuentes alimentarias (ver tabla de página 29)

Los alimentos más ricos en vitamina B_1 son las levaduras, los cereales integrales, las legumbres secas, los frutos secos, los frutos oleaginosos, el pan integral, los menudillos, el cerdo, los guisantes. Las otras carnes, los huevos, los pescados y los productos lácteos contienen cantidades menores. Las frutas frescas y las legumbres verdes son más pobres en vitamina B_1.

En el caso de los cereales, la vitamina B_1 se localiza en su envoltura exterior (o salvado): esto permitió descubrir esta vitamina, después de la observación de casos de beriberi en prisioneros alimentados de modo uniforme con arroz descascarillado (muy pobre en vitamina B_1).

La carne de ciertos pescados contiene una enzima (tiaminasa) que destruye la vitamina B_1. Esta enzima se desnaturaliza en el proceso de cocción de los pescados, pero eso no sucede si se comen crudos, tal como se hace en Japón, donde se han observado carencias de vitamina B_1 debidas a este modo de alimentación.

Estabilidad

La vitamina B_1 es una vitamina soluble en agua que se destruye por el calor. Esto explica que la cocción de los alimentos disminuya del 10 al 40 % su contenido en vitamina B_1, sobre todo si se les lava y se cuecen en agua con una cocción prolongada.

Carencia de vitamina B_1

En los países industrializados, el alcoholismo representa una de las causas principales de carencia de vitamina B_1, y el riesgo llega a ser importante cuando el consumo de alcohol alcanza o sobrepasa el equivalente de un litro de vino al día.

En este caso la carencia va generalmente asociada con otras carencias vitamínicas (carencias de vitamina B_6, de ácido fólico, de vitamina PP).

También puede observarse un déficit de vitamina B_1 en las diarreas crónicas, en los obesos (debido a un consumo excesivo de azúcares), en el curso de regímenes abusivamente restrictivos, o incluso con ocasión de ciertas enfermedades graves y prolongadas.

Las deficiencias menores de vitamina B_1 se traducen en síntomas de aparición insidiosa, que comportan fatiga, pérdida de apetito, adelgazamiento, irritabilidad, insomnio, sensaciones de pesadez y de rigidez en las piernas.

Las deficiencias profundas de vitamina B_1 pueden traducirse en problemas graves y diversos, que hagan necesario un tratamiento con vitamina B_1 a fuertes dosis.

La forma neurológica, precedida por los síntomas descritos anteriormente, conduce a una polineuritis, ataque neuromuscular que se inicia a nivel de las piernas.

En ciertos casos, especialmente con los alcohólicos, pueden observarse problemas psíquicos muy graves, que pueden ser irreversibles, llegando incluso a un resultado fatal, por lo cual exigen un tratamiento con toda urgencia.

Una forma particular implica insuficiencia cardiaca, que cura rápidamente bajo tratamiento.

Otra forma se traduce en edemas generalizados, asociados o no con la forma precedente.

La forma principal de la carencia de aporte de vitamina B_1 es el *beriberi*, aún observado actualmente en Extremo Oriente, que es debido básicamente al consumo casi único y prolongado de arroz blanco.

Efectos indeseables

No existe intoxicación a causa de la vitamina B_1, que no puede almacenarse en el organismo (a diferencia de la vitamina A y de la vitamina D).

Contenido de los alimentos en vitamina B_1 (en miligramos para 100 gramos)	
Levadura de cerveza seca	5 - 10
Levadura de panadero	1 - 2
Germen de trigo	1 - 1,5
Huevas de pescados	1 - 1,2
Guisantes secos, judías secas	0,4 - 0,8
Tocino, jamón	0,6
Nueces, avellanas	0,5
Lentejas	0,43
Riñones	0,37
Guisantes	0,32
Arroz integral	0,3
Castañas	0,2 - 0,3
Almendras, cacahuetes	0,2 - 0,3
Pan integral	0,25
Ostras	0,25
Charcutería	0,1 - 0,2
Menudillos	0,1 - 0,2
Carnes	0,05 - 0,15
Pescados	0,05 - 0,15
Alcachofas, ajo	0,14
Espárragos, espinacas	0,11
Frutos secos, aguacates	0,1
Champiñones	0,1
Patatas	0,1
Col, puerros, perejil	0,1
Chocolate con leche	0,1
Pan blanco	0,08
Naranjas	0,07
Huevo entero (unidad)	0,06
Leche (100 ml)	0,05

Todo aporte excesivo de vitamina B_1 se elimina por la orina, incluso cuando ha sido administrada a fuertes dosis por vía inyectable, pero hay que rechazar la vía intravenosa, que ha originado accidentes alérgicos graves.

VITAMINA B₂ (Riboflavina)

La vitamina B_2 o riboflavina es indispensable para la acción de numerosas enzimas, y tiene un papel en la degradación y utilización de ciertos nutrientes (sobre todo las proteínas y los hidratos de carbono) destinados a producir la energía necesaria para el funcionamiento de las células del organismo.

Debido a su color amarillo, esta vitamina se emplea como colorante alimentario (colorante E 101).

No presenta peligro alguno, tanto a las dosis lícitas autorizadas en la industria alimentaria como en la utilización medicamentosa a dosis elevadas.

Estabilidad

La vitamina B_2 es bastante poco soluble en agua y bastante resistente al calor, por lo cual se destruye poco con la cocción de los alimentos, pero en cambio es sensible a la luz, lo cual, en la práctica, no tiene más que una importancia limitada a los alimentos líquidos. Así, la leche expuesta al sol durante dos horas pierde el 85 % de la vitamina B_2 que contiene.

Necesidades (ver tabla en página siguiente)

Al igual que con la vitamina B_1, las necesidades de vitamina B_2 dependen del peso, de la actividad física, de la intensidad del metabolismo, y de la composición de la alimentación (son tanto más elevadas cuanto más rica en proteínas sea ésta). Estas necesidades son, como promedio, del orden de 1,5 miligramos por día para la mujer, y de 1,8 miligramos por día para el hombre. Son más elevadas en las mujeres encintas o las madres lactantes (iguales a las del hombre, o sea 1,8 miligramos por día).

Fuentes alimentarias (ver tabla de página 32)

La vitamina B_2 es una de las más extendidas en la naturaleza, y la mayoría de alimentos la contienen, tanto de origen animal como vegetal,

Aportes cotidianos recomendados de vitamina B_2	
Bebés < 6 meses	0,4 miligramos
Niño de 6 a 12 meses	0,6 miligramos
Niño de 1 a 3 años.	0,8 miligramos
Niño de 4 a 9 años.	1 miligramos
Niño de 10 a 12 años.	1,4 miligramos
Adolescentes, chicos	1,8 miligramos
Adolescentes, chicas	1,5 miligramos
Hombre adulto	1,8 miligramos
Mujer adulta	1,5 miligramos
Mujer encinta	1,8 miligramos
Madre lactante	1,8 miligramos

lo cual explica que, por regla general, las necesidades estén aseguradas por la alimentación.

Los alimentos más ricos en vitamina B_2 son las levaduras, los menudillos, los gérmenes de trigo, los quesos, los pescados grasos, los huevos, los frutos secos y oleaginosos, las legumbres secas, los champiñones, los productos lácteos. Se encuentra también en las carnes, los pescados y las legumbres.

Carencia de vitamina B_2

La carencia de vitamina B_2, o arriboflavinosis, es muy rara.

Podía observarse en los bebés alimentados con las primeras leches artificiales, que no estaban enriquecidas con riboflavina, a diferencia de lo que ocurre actualmente.

La arriboflavinosis puede observarse igualmente en el hombre en el marco de carencias vitamínicas múltiples, cuyos síntomas son intrincados.

Esta carencia se traduce en lesiones de la piel, de las mucosas, y de los ojos: labios lisos, muy rojos, brillantes, secos, agrietados, lengua roja o negruzca, dermatitis seborreica de la cara, lagrimeo y vascularización excesiva de las conjuntivas, hipersensibilidad a la luz (fotofobia).

Alimentos ricos en vitamina B_2	
(en miligramos para 100 gramos)	
Levadura de cerveza seca	3 - 5
Levadura de panadero	2,5 - 3
Hígados de animales	3
Riñones	2
Germen de trigo	0,5 - 4
Huevas de pescados	0,5 - 2
Quesos	0,3 - 0,6
Pescados grasos	0,3 - 0,5
Frutos oleaginosos	0,1 - 0,6
Yema de huevo	0,45
Cacao en polvo	0,38
Perejil	0,28
Champiñones	0,26
Sesos, lengua, jamón	0,2
Charcutería	0,2
Soja germinada	0,2
Legumbres secas	0,18
Frutos secos, aguacates	0,1 - 0,2
Pan integral	0,15
Huevo entero (unidad)	0,15
Leche (100 ml), lácteos	0,15
Berro, espinacas	0,14
Endivias, cardillos	0,12
Carnes	0,1 - 0,2
Pescados no grasos	0,05 - 0,1
Chocolate	0,08
Pan blanco	0,06
Legumbres verdes	0,01 - 0,09
Frutas frescas	0,01 - 0,06
Cerveza, vino (100 ml)	0,03

Efectos indeseables

Al igual que con la vitamina B_1 (y al contrario que con las vitaminas A y D), no existe intoxicación por vitamina B_2, la cual es eliminada por el organismo en caso de aporte excesivo.

Por otra parte, debido a su inocuidad, la vitamina B_2 se utiliza como colorante alimentario, pero también se introduce en ciertos medicamentos, a fin de poder controlar si éstos se toman bien, ya que es muy fácil controlar la dosis en la orina.

VITAMINA B_3 O PP (Niacina)

La vitamina PP, vitamina antipelagra, niacina, o vitamina B_3 existe bajo dos formas que tienen una actividad idéntica: el ácido nicotínico y la nicotinamida.

Esta vitamina, almacenada en el hígado, es un precursor de dos enzimas necesarias para el metabolismo de las proteínas, de las grasas y de los hidratos de carbono.

La vitamina PP es relativamente estable al calor, pero muy soluble en agua, ya que la cocción de los alimentos en agua puede reducir su contenido vitamínico del 40 al 50 %.

La vitamina PP es aportada por la alimentación, pero tiene la particularidad de ser producida también por el organismo, a partir de un aminoácido esencial, el triptófano (60 miligramos de triptófano pueden producir 1 miligramo de vitamina PP).

Necesidades (ver tabla en página siguiente)

Las necesidades cotidianas de vitamina PP varían según la edad entre 6 y 18 miligramos (6,6 miligramos para 1.000 calorías como promedio). Son un poco más elevadas en las mujeres encintas o las madres lactantes (20 miligramos por día).

Sin embargo, son variables según la composición de la ración alimentaria. Son menores con un régimen rico en proteínas (y en triptófano), y, por el contrario, más elevadas si el aporte alimentario de proteínas es débil, o si la alimentación está constituida en su mayor parte por ciertos cereales (maíz, sorgo, mijo), que contienen una forma de vitamina PP que no puede ser absorbida por el intestino.

Fuentes alimentarias (ver tabla de página 35)

La producción de vitamina PP por el organismo a partir del triptófano es real pero insuficiente, y es necesario hallarla en los alimentos. Los más ricos son las levaduras, el hígado, las carnes y los pescados, los frutos secos y oleaginosos, los granos de cereales (salvo el maíz, el sorgo, el mijo), los menudillos, los champiñones, el pan integral, las legumbres secas, pero se encuentran también en las restantes legumbres, las frutas frescas, los quesos, los huevos y la leche.

Carencia de vitamina PP

La carencia de vitamina PP implica la pelagra, que causó estragos en Europa y en los Estados Unidos, sobre todo entre poblaciones con el maíz como base de su alimentación, y que consumían pocas proteínas animales.

Aportes cotidianos recomendados de vitamina PP	
Bebés < 6 meses	6 miligramos
Niño de 6 a 12 meses	6 miligramos
Niño de 1 a 3 años.	9 miligramos
Niño de 4 a 9 años.	12 miligramos
Niño de 10 a 12 años.	14 miligramos
Adolescentes, chicos	18 miligramos
Adolescentes, chicas	15 miligramos
Hombre adulto	18 miligramos
Mujer adulta	15 miligramos
Mujer encinta	20 miligramos
Madre lactante	20 miligramos

Alimentos ricos en vitamina PP (en miligramos para 100 gramos)	
Levadura de cerveza seca	36
Levadura de panadero	28
Hígados de animales	15
Cacahuetes	11
Salmón, atún, fletán	6,8
Riñones	5,2
Almendras	4,6
Gérmenes de trigo, arroz integral	4,6
Carnes	3 - 6
Pescados	2 - 6
Frutos secos	2 - 5
Champiñones	3,1
Pan integral	3
Trigo sarraceno	2,9
Sesos	2,8
Nuez de coco, crustáceos	2
Legumbres secas, guisantes	1,5
Perejil	1,4
Aguacate, mangos, nueces	1
Arroz descascarillado	1
Patatas	0,8
Germen de soja, berro	0,8
Pan blanco	0,7
Pastas	0,5
Chocolate	0,4
Legumbres verdes	0,2 - 0,6
Frutas frescas, quesos	0,1 - 0,9
Leche de mujer (100 ml)	0,2
Huevo entero (unidad)	0,05
Leche de vaca (100 ml)	0,02

Esta carencia afecta todavía a ciertas poblaciones de África y del subcontinente indio que se alimentan de manera casi exclusiva de sorgo o de mijo.

En los países industrializados pueden presentarse carencias en los alcohólicos, en los sujetos que padecen deficiencias de absorción, en la ingesta prolongada de ciertos medicamentos (carbidopa, isoniacida), y en ciertas enfermedades inusuales (carcinomas del intestino delgado, enfermedad de Hartnup).

La pelagra se traduce en problemas cutáneos, después digestivos y psíquicos: rojeces y comezón en las partes de la piel expuestas al sol, posterior aparición de vesículas, descamación y pigmentación oscura, diarrea con inflamación crónica de las mucosas digestivas (lengua, boca, estómago, intestino), insomnio, dolor de cabeza, depresión, confusión mental, que puede evolucionar hasta una verdadera demencia con delirio y alucinaciones. Estos problemas curan rápidamente con un tratamiento medicamentoso con vitamina PP, pero los signos cutáneos tardan más en desaparecer.

Efectos indeseables

La vitamina PP sólo causa problemas cuando se la administra a dosis muy elevadas (varios gramos por día), tal como se hace a veces para tratar ciertas hipercolesteremias. Entonces se pueden observar tufaradas de calor con rojeces en la cara y en las extremidades, y de manera más excepcional la reaparición de antiguas úlceras de estómago o de duodeno, o una toxicidad hepática débil y reversible al interrumpir el tratamiento.

VITAMINA B_5 (Ácido pantoténico)

La vitamina B_5 o ácido pantoténico está presente en prácticamente todos los alimentos, tanto de origen animal como vegetal, lo que hace que no existan carencias de vitamina B_5, pues la alimentación cubre fácilmente las necesidades.

Estas necesidades van de 2 a 10 miligramos al día según la edad, y son un poco más elevadas en las madres lactantes (10 miligramos por día).

La vitamina B_5 es uno de los constituyentes esenciales de la coenzima A, que interviene en el metabolismo de los tres principales nutrientes (proteínas, grasas e hidratos de carbono).

Aportes cotidianos recomendados de vitamina B_5	
Bebés < 6 meses	2 miligramos
Niño de 6 a 12 meses	3 miligramos
Niño de 1 a 3 años.	3 miligramos
Niño de 4 a 9 años.	4 - 7 miligramos
Niño de 10 a 12 años.	7 - 10 miligramos
Adolescentes, chicos	7 - 10 miligramos
Adolescentes, chicas	7 - 10 miligramos
Hombre adulto	7 - 10 miligramos
Mujer adulta	7 - 10 miligramos
Mujer encinta	7 - 10 miligramos
Madre lactante	10 miligramos

Esta vitamina se utiliza en afecciones bastante numerosas, en las cuales su acción no parece demasiado evidente, en particular la que se le atribuye contra la caída de los cabellos.

VITAMINA B_6 (Piridoxina)

La vitamina B_6 o piridoxina es una vitamina hidrosoluble que se encuentra en los alimentos bajo tres formas que tienen una actividad idéntica: la piridoxina, el piridoxal, y la piridoxamina.

Esta vitamina es indispensable para la acción de numerosas enzimas que intervienen en el metabolismo de las proteínas y de los aminoácidos, especialmente en el del triptófano, lo cual explica que sus necesidades aumenten en función de la cantidad de proteínas consumidas.

La vitamina B_6 está muy extendida en los alimentos, y el organismo fabrica un poco bajo la influencia de las bacterias intestinales, aunque es bastante difícil evaluar sus necesidades.

Necesidades (ver tabla en página 39)

Las necesidades cotidianas de vitamina B_6 son difíciles de evaluar, y dependen de la riqueza de la alimentación en proteínas.

Alimentos ricos en vitamina B_5 (en miligramos para 100 gramos)	
Levadura de cerveza seca	15 - 20
Yema de huevo	6
Hígados de animales	6
Riñones	3
Sesos	2
Corazón de buey	2
Champiñones	1,5
Harina de soja	1,5
Lengua de buey	1,2
Germen de trigo	0,5 - 1,5
Legumbres secas	1
Frutos secos	0,8
Frutos oleaginosos	0,8
Soja germinada	0,8
Pan integral	0,8
Pan blanco	0,7
Huevo entero (unidad)	0,7
Queso blanco	0,7
Aves	0,6
Jamón, cerdo	0,6
Chocolate	0,6
Quesos	0,4 - 0,8
Carnes	0,4 - 0,5
Pescados	0,4 - 0,5
Guisantes	0,5
Espárragos	0,4
Patatas	0,3
Otras legumbres	0,1 - 0,3
Leche (100 ml)	0,3
Yogures	0,3

Se fijan como promedio en 1,25 miligramos para 100 gramos de proteínas alimentarias y por día, y los aportes recomendados varían según la edad entre 0,6 y 2,2 miligramos por día.

Aportes cotidianos recomendados de vitamina B_6	
Bebés < 6 meses	0,6 miligramos
Niño de 6 a 12 meses	0,6 miligramos
Niño de 1 a 3 años.	0,8 miligramos
Niño de 4 a 9 años.	1,4 miligramos
Niño de 10 a 12 años.	1,6 miligramos
Adolescentes, chicos	2,2 miligramos
Adolescentes, chicas	2 miligramos
Hombre adulto	2,2 miligramos
Mujer adulta	2 miligramos
Mujer encinta	2,5 miligramos
Madre lactante	2,5 miligramos

Estas necesidades son un poco más elevadas en las mujeres encintas o en las madres lactantes (2,5 miligramos por día).

Por otra parte, también aumentan en las mujeres que utilizan la píldora anticonceptiva, en los sujetos que tienen un consumo de alcohol regular, y en el curso de ciertos tratamientos medicamentosos (isoniacida, cicloserina, hidralacina, D-penicilamina, etc.).

Fuentes alimentarias (ver tabla de página siguiente)

La vitamina B_6 es muy abundante en los alimentos. Los más ricos son las levaduras, los gérmenes de cereales, el hígado y los despojos, los pescados y las carnes, la yema de huevo, los lácteos, ciertas frutas (aguacate y plátanos, frutos oleaginosos), ciertas legumbres (legumbres secas, judías verdes, puerros, patatas, guisantes, espinacas).

Carencia de vitamina B_6

La mayoría de alimentos contienen vitamina B_6, y además el organismo produce cierta cantidad, por lo cual los estados de deficiencia de vitamina B_6 no son debidos a falta de aporte, sino a diversos factores asociados, aunque ninguno de ellos es suficiente por sí solo.

Alimentos ricos en vitamina B_6	
(en miligramos para 100 gramos)	
Levadura de cerveza seca	5 - 10
Levadura de panadero	4 - 8
Germen de trigo o de maíz	1 - 5
Hígados de ternera y cordero	1,2
Aguacate	0,6
Pan integral	0,5
Legumbres secas	0,5
Arroz integral	0,3 - 0,6
Pescados	0,2 - 0,5
Riñones	0,4
Otros despojos	0,2 - 0,3
Plátanos	0,37
Jamón	0,36
Frutos oleaginosos	0,1 - 0,3
Queso Camembert	0,25
Carnes	0,15 - 0,25
Yema de huevo	0,18
Judías verdes, puerros	0,17
Pan blanco	0,15
Arroz pulido	0,15
Camarones	0,13
Patatas	0,13
Espinacas, guisantes	0,1
Otras legumbres	0,03 - 0,09
Frutas frescas	0,01 - 0,09
Pastas	0,04 - 0,08
Huevo entero (unidad)	0,06
Leche (100 ml)	0,06
Yogures	0,05
Cerveza (100 ml)	0,05

Así pues, pueden observarse frecuentemente estados de carencia de vitamina B_6 en caso de alcoholismo, donde suele ir asociada a otras carencias vitamínicas (especialmente de vitaminas B_1, B_9, y PP), en enfermos con insuficiencia renal (sobre todo en caso de tratamiento por riñón artificial), en enfermos tratados con ciertos medicamentos (isoniacida, cicloserina, hidralacina, D-penicilamina), en pacientes tratados con medicamentos psicótropos, en mujeres que toman la píldora contraceptiva (en las cuales se han imputado algunas depresiones a una carencia de vitamina B_6), en bebés alimentados con las primeras leches artificiales (que no estaban enriquecidas con piridoxina, como las actuales leches maternizadas, y en los cuales se han observado convulsiones curadas por la vitamina B_6).

Las señales relacionadas con esta carencia se traducen en anemia, problemas cutáneos (dermatitis de la cara con seborrea), y neurológicos (convulsiones).

Un síndrome transitorio, que se denomina «síndrome del restaurante chino», puede observarse después de la absorción de sopas y de carnes chinas que contengan monoglutamato sódico, en particular en los sujetos que ya tengan carencias de vitamina B_6 (dolores de cabeza, ardores de estómago, con sensaciones de quemadura en las sienes y los miembros).

Se conocen también enfermedades hereditarias, en las que existe una necesidad incrementada de vitamina B_6, y algunas de las cuales son curables con dosis elevadas de esta vitamina.

Efectos indeseables

La vitamina B_6 es uno de los medicamentos menos tóxicos. Solamente dosis muy fuertes (más de 2 gramos por día) administradas durante varios meses, pueden implicar problemas neurológicos reversibles.

Interacciones medicamentosas

La vitamina B_6 no debe prescribirse (sobre todo a dosis fuertes) a los enfermos tratados con levodopa por una enfermedad de Parkinson, pues puede disminuir o incluso anular los efectos de este tratamiento.

Por el contrario, puede ser útil en ciertos enfermos tratados con isoniacida, cicloserina, o hidralacina (10 a 40 miligramos de piridoxina por día), o por D-penicilamina (20 a 100 miligramos por día), y en mujeres que tomen la píldora anticonceptiva y que presenten síntomas de depresión nerviosa (20 a 40 miligramos de piridoxina por día).

VITAMINA B$_8$ o H (Biotina)

La vitamina B$_8$, vitamina H o biotina, es una vitamina hidrosoluble que juega un papel muy importante como coenzima de toda una serie de enzimas (carboxilasas), que intervienen en el metabolismo de los hidratos de carbono, las grasas y los aminoácidos.

Necesidades

La estimación de las necesidades del organismo en biotina es difícil, ya que, por una parte, está muy extendida en los alimentos y, por otra, las bacterias del intestino la producen en cantidad no desdeñable.

Las necesidades cotidianas son aproximadamente de 50 a 90 microgramos en el niño, y de alrededor de 150 microgramos en el adulto, y se cubren generalmente con una alimentación normal y diversificada, que aporta de 100 a 300 microgramos por día.

Fuentes alimentarias (ver tabla de página siguiente)

La biotina es muy abundante en los alimentos, tanto de origen animal como vegetal. Los alimentos más ricos son la levadura de cerveza, los riñones, el hígado y los otros despojos, los huevos, los champiñones, las legumbres secas, pero se encuentra también en menores cantidades en la mayoría de los otros alimentos.

Carencia de biotina

Una alimentación normal y diversificada cubre en la mayoría de casos las necesidades cotidianas de biotina.

Contenido de los alimentos en biotina	
(en microgramos para 100 gramos)	
Levadura de cerveza	90
Hígado, riñones	22
Huevo entero (unidad)	14
Champiñones, coliflor.	11
Pollo	10
Lentejas	9
Queso blanco	6
Sesos, jamón	5
Espinacas, judías verdes	5
Plátanos	5
Cordero, cabrito, cerdo.	5
Arroz.	4 - 6
Buey	4
Alcachofas, tomates	4
Piña tropical	4
Quesos	2 - 4
Yogures, nata fresca.	3
Legumbres secas	3
Chocolate	3
Pomelo	3
Charcutería, lengua	2 - 3
Pescados	0,1 - 3
Pavo, ternera	2
Zanahorias, ensaladas	2
Naranjas, mandarinas, melocotones	2
Camarones, conejo	1
Pepino, puerros	1
Pan blanco, pastas.	1
Leche, zumo de naranja (100 ml)	1
Otras frutas y legumbres	0,1 - 0,9

Sin embargo, puede observarse una carencia de aporte de biotina en dos circunstancias particulares:

● En caso de consumo regular de clara de huevo crudo, ya que ésta contiene una sustancia, la avidina, que impide la absorción de la biotina por el intestino. Es preciso saber que el consumo de dos claras de huevos crudos por día puede implicar una carencia profunda de biotina ¡al cabo de algunos años!

● En los enfermos sometidos de modo prolongado a una alimentación artificial, por vía venosa o por sonda gástrica, y que no tienen aportes suplementarios de biotina.

Existen, por otra parte, enfermedades genéticas poco comunes (déficits congénitos en carboxilasas) curables con dosis elevadas de biotina.

Los estados de carencia se traducen en problemas digestivos (pérdida de apetito, vómitos), problemas cutáneos (caída del cabello, dermatitis periorificial), problemas neurológicos (ataxia, convulsiones, retraso psicomotor), y accesos de acidosis metabólica.

Efectos indeseables

La biotina no tiene toxicidad alguna para el hombre, ni siquiera en caso de utilización en dosis elevadas.

VITAMINA B$_9$ (Ácido fólico)

El ácido fólico o ácido pteroilglutámico (llamado también vitamina B$_9$, vitamina B$_c$, o ácido folínico) tiene un papel fundamental sobre el crecimiento y la división de las células, y su carencia afecta particularmente a las células de renovación rápida como las de la sangre. Uno de los signos principales de carencia de ácido fólico es, por otra parte, una anemia (déficit de glóbulos rojos).

La fuente esencial de ácido fólico está representada por la alimentación, pero su absorción intestinal es variable según los alimentos.

Las bacterias del intestino producen igualmente una pequeña cantidad que, sin embargo, no es suficiente para cubrir las necesidades del organismo.

Necesidades (ver tabla)

Los aportes recomendados de ácido fólico varían según la edad entre 30 y 400 microgramos por día.

Son más elevados en las madres lactantes (500 microgramos diarios), y todavía más en las mujeres encintas (800 microgramos diarios), ya que el desarrollo del feto requiere grandes cantidades de ácido fólico.

Fuentes alimentarias (ver tabla de página siguiente)

Aportan ácido fólico las levaduras, los despojos, las legumbres tanto secas como verdes (sobre todo las que llevan hojas), los champiñones, el pan, y en cantidades menores las zanahorias, los tomates, el apio, las carnes, los quesos, la leche, los huevos, las patatas y las restantes legumbres y frutas.

La cocción de los alimentos puede reducir su contenido en ácido fólico de manera importante (hasta el 80 %), y además, la absorción intestinal del ácido fólico depende de la naturaleza de los alimentos: es mejor para los despojos, las judías, los plátanos, que para las naranjas o los huevos, por ejemplo.

Aportes cotidianos recomendados de ácido fólico	
Bebés < 6 meses	30 microgramos
Niño de 6 a 12 meses	50 microgramos
Niño de 1 a 3 años.	100 microgramos
Niño de 4 a 9 años.	300 microgramos
Niño de 10 a 12 años.	300 microgramos
Adolescentes, chicos	400 microgramos
Adolescentes, chicas	400 microgramos
Hombre adulto	400 microgramos
Mujer adulta	400 microgramos
Mujer encinta	800 microgramos
Madre lactante	500 microgramos

LAS VITAMINAS

Contenido de los alimentos en ácido fólico (en microgramos para 100 gramos)	
Levadura de cerveza seca	1.200 - 4.000
Judías secas	130
Germen de trigo	50 - 100
Hígados de animales	30 - 150
Judías verdes	61
Queso Camembert	59
Espinacas	49
Riñones	38
Lentejas	35
Lechuga, ensaladas	34
Endivias	32
Col	29
Naranjas, rábanos	24
Lengua de buey	22
Espárragos	18
Champiñones	15
Pan blanco	15
Calabacines, nabos	12
Plátanos, chocolate	9
Zanahorias, apio, tomates	8
Pavo	8
Camarones	7
Sesos	6
Buey, jamón, pollo	5
Leche (100 ml)	5
Quesos, yogures	3 - 4
Patatas	3
Conejo, cerdo, ternera	2
Huevo entero (unidad)	1,5
Otras frutas y legumbres	0 - 4

El aporte alimentario de ácido fólico en los países industrializados sería de 160 a 300 microgramos por día, insuficiente por tanto en ciertos casos.

Carencia de ácido fólico

La carencia de ácido fólico es *la más frecuente* de las carencias en vitaminas hidrosolubles.

Sin embargo, es bastante desconocida, en particular en los sujetos de edad avanzada y en la mujer embarazada.

El organismo tiene reservas de ácido fólico (sobre todo a nivel del hígado) que son relativamente pequeñas y que pueden agotarse en unos cuatro meses.

La carencia se traduce en fatiga, anemia, problemas de sueño, irritabilidad, y diversos problemas neurológicos y psíquicos.

La carencia de aporte es muy frecuente en los países donde reina la desnutrición, pero también existe en los países industrializados, en particular en personas mayores, en las mujeres encintas, en los alcohólicos o bebedores excesivos.

Por otra parte, puede observarse carencia en las diarreas crónicas y las afecciones intestinales (por falta de absorción), en los cánceres y las enfermedades crónicas (por aumento de las necesidades), en el curso de ciertos tratamientos (ver debajo), y en algunas enfermedades hereditarias poco comunes.

Efectos indeseables

No existe sobredosis de ácido fólico.

Interacciones medicamentosas

Ciertos medicamentos administrados de modo prolongado pueden implicar una carencia de ácido fólico: es el caso de los anticonvulsivos (fenitoína, fenobarbital, primidona), de los antimitóticos (metotrexato), de los antiinfecciosos (trimetoprima), de los antiparasitarios (pirimetamina), de los diuréticos (triamtereno).

VITAMINA B$_{12}$ (Cobalamina)

La vitamina B$_{12}$ o cianocobalamina es una vitamina hidrosoluble que interviene como coenzima en diversas reacciones metabólicas y que, sobre todo, tiene un papel primordial en la maduración de los glóbulos rojos y en el mantenimiento de la integridad del sistema nervioso.

Esta vitamina, *aportada únicamente por los alimentos de origen animal*, tiene la particularidad de no poder ser absorbida por el intestino más que en presencia de un factor secretado por el estómago (el «factor intrínseco»).

La vitamina B$_{12}$ se almacena en el organismo, en particular a nivel del hígado, y sus importantes reservas (3 a 4 miligramos) son aptas para cubrir las necesidades durante varios años.

Necesidades (ver tabla)

Las necesidades cotidianas de vitamina B$_{12}$ varían según la edad entre 0,5 y 3 microgramos.

Son un poco más elevadas en las mujeres encintas o las madres lactantes (4 microgramos por día).

Aportes cotidianos recomendados de vitamina B$_{12}$	
Bebés < 6 meses	0,5 microgramos
Niño de 6 a 12 meses	1 microgramos
Niño de 1 a 3 años	1 microgramos
Niño de 4 a 9 años	2 microgramos
Niño de 10 a 12 años	2 microgramos
Adolescentes, chicos	3 microgramos
Adolescentes, chicas	3 microgramos
Hombre adulto	3 microgramos
Mujer adulta	3 microgramos
Mujer encinta	4 microgramos
Madre lactante	4 microgramos

En los países industrializados, estas necesidades quedan asegura-das por una alimentación normal, que aporte como promedio de 4 a 7 microgramos de vitamina B_{12} al día.

Sin embargo, puede sobrevenir una carencia de aporte después de varios años (cuando se han agotado las reservas del hígado) en personas que se someten a un régimen vegetariano estricto (vegetarianos, que no comen ningún alimento de origen animal). Esto afecta clásicamente a las poblaciones hindúes, pero la multiplicación de sectas que siguen ese régi-men puede hacer crecer el riesgo de carencia en Occidente.

Fuentes alimentarias (ver tabla de página 50)

La vitamina B_{12} está elaborada por bacterias y no existe en el reino vegetal.

¡Los alimentos de origen vegetal (pan, cereales, legumbres y frutas) no la contienen!

Por tanto, únicamente aportan esta vitamina los _alimentos de origen animal_ (hígado y despojos, carnes y pescados, crustáceos, huevos, le-che, lácteos y quesos), de ahí el riesgo de carencia en los regímenes que excluyen todos los alimentos de origen animal.

La contaminación bacteriana del agua y de los vegetales (vegetales fermentados) produce, no obstante, cierta cantidad, que puede permitir cubrir sus necesidades a los vegetarianos.

Estabilidad

La vitamina B_{12} es relativamente estable al calor, pero bastante solu-ble en agua. El lavado y la cocción de los alimentos en agua pueden dis-minuir del 5 al 20 % su contenido en vitamina B_{12}.

Carencia de vitamina B_{12}

La carencia de vitamina B_{12} se traduce en señales de instalación progresiva, en el curso de varios meses, con pérdida de apetito, anemia,

Alimentos ricos en vitamina B_{12}	
(en microgramos para 100 gramos)	
Hígados de animales	20 - 60
Riñones	20
Corazón	10 -25
Arenques	14
Caballa	8
Conejo	8
Lengua	4
Atún	3,8
Queso Camembert	2,8
Sesos	2,7
Queso Emmenthal	2,2
Carne de buey	2
Pescados	1 - 4
Pavo	1,6
Salchichón	1,4
Salchichas	0,8
Carne de ternera	0,8
Camarones	0,8
Huevo entero (unidad)	0,8
Queso blanco	0,8
Jamón	0,6
Carne de cerdo	0,5
Pollo	0,4
Nata fresca	0,4
Leche entera (100 ml)	0,3
Queso fundido	0,2
Yogures	0,1
Leche de mujer (100 ml)	0,1
Leche semidesnatada (100 ml)	0,03
Leche desnatada (100 ml)	0,02

dolores en la lengua que se vuelve lisa, un ataque neurológico que se inicia en las piernas (sensaciones anormales, y posterior disminución de la sensibilidad) y que puede extenderse al abdomen, más raramente a los antebrazos, problemas de memoria, irritabilidad y estado depresivo.

Las causas de esta carencia son múltiples:

● La carencia de aporte es bastante poco frecuente (vegetarianos).

● En la mayoría de casos, se trata de una absorción defectuosa de la vitamina B_{12} (ablación del estómago o de una parte del intestino delgado, anemia perniciosa o enfermedad de Biermer, afecciones graves del páncreas o del intestino, más raramente enfermedades hereditarias).

● Existe, por otra parte, un parásito (el botriocéfalo o tenia del pescado) ávido de esta vitamina, y que puede implicar una carencia de vitamina B_{12} en el hombre. Esta tenia alcanza sobre todo las poblaciones ribereñas de los lagos y los cursos de agua, que se contaminan comiendo pescados infestados (Escandinavia, litoral de los lagos suizos o italianos, delta del Danubio, Canadá, Japón).

● Por último, ciertos antibióticos tomados de manera prolongada pueden implicar una carencia por defecto de absorción de la vitamina B_{12} (ver interacciones medicamentosas).

Efectos indeseables

La vitamina B_{12} no tiene toxicidad alguna en el hombre, incluso cuando se administra a dosis muy elevadas, como se hace en ciertas afecciones dolorosas (donde su acción antálgica no está, por otra parte, demostrada).

Sin embargo, esta utilización a dosis fuertes de la vitamina B_{12} debe evitarse en personas portadoras de un cáncer, debido a las propiedades estimulantes de esta vitamina sobre el crecimiento de los tejidos con tasas elevadas de multiplicación celular

Interacciones medicamentosas

La administración prolongada de neomicina (que es un antibiótico de acción intestinal, utilizado en ciertas afecciones del intestino, y en enfermedades intestinales crónicas, como la rectocolitis hemorrágica) puede inducir una mala absorción de la vitamina B_{12}.

VITAMINA C (Ácido ascórbico)

La vitamina C o ácido ascórbico, es una vitamina hidrosoluble muy extendida en el mundo orgánico, pero que es indispensable para el hombre, los primates y algunas otras especies animales, que no pueden producirla, y en los cuales su carencia provoca el escorbuto, de ahí su denominación de ácido «ascórbico» o vitamina antiescorbuto.

Esta vitamina juega un papel extremadamente importante en el funcionamiento normal del organismo. Es necesaria para las reacciones de oxidación, y juega un papel esencial en el metabolismo del colágeno, catecolaminas, prostaglandinas, hormonas de las glándulas suprarrenales, carnitina, histamina, fenilalanina, prolina, tirosina, hierro, en la destrucción de los radicales libres oxigenados, en la producción de anticuerpos (y por tanto en las defensas contra las infecciones), así como en la protección de la pared de los vasos del organismo.

Por consiguiente, esta vitamina es completamente esencial para el organismo humano, así como para las otras especies animales que no

Aportes cotidianos recomendados de vitamina C	
Bebés < 6 meses	35 miligramos
Niño de 6 a 12 meses	35 miligramos
Niño de 1 a 3 años.	35 - 40 miligramos
Niño de 4 a 9 años.	40 - 60 miligramos
Niño de 10 a 12 años.	40 - 60 miligramos
Adolescentes, chicos	60 - 100 miligramos
Adolescentes, chicas	60 - 100 miligramos
Hombre adulto	60 - 100 miligramos
Mujer adulta	60 - 100 miligramos
Mujer encinta	80 - 100 miligramos
Madre lactante	80 - 100 miligramos

pueden producirla, y que, por tanto, es imprescindible aportarla en su alimentación.

Necesidades (ver tabla de página anterior)

Para evitar la aparición del escorbuto, es suficiente un aporte de 10 miligramos de vitamina C por día.

Sin embargo, los aportes recomendados para el mantenimiento de un «buen estado general» son más elevados: se fijan, según la edad, entre 35 y 100 miligramos por día.

Las necesidades de vitamina C son más elevadas en los fumadores (120 miligramos por día).

Fuentes alimentarias (ver tabla de página siguiente)

La vitamina C está muy extendida en la naturaleza, pero se la encuentra sobre todo en los alimentos vegetales (frutas frescas, ensaladas, hortalizas, legumbres verdes).

Los vegetales más ricos en vitamina C son el kiwi, la guayaba, la grosella, el perejil, el estragón, la acedera, los pimientos, las fresas, los cítricos (limones, naranjas, mandarinas, pomelos), el berro, el rábano blanco, los mangos, los litchis, las coles verdes, las espinacas, los cardillos, los rábanos, los tomates, la piña tropical, el aguacate, las nectarinas, la milamores, las castañas.

Los alimentos de origen animal no la contienen o, en todo caso, contienen muy poca (salvo el hígado, los otros despojos, el jamón).

Los cereales, el pan, los frutos oleaginosos, los huevos, las materias grasas (mantequilla, aceites, margarinas) no contienen vitamina C.

La leche contiene muy poca, y las leches destinadas a los bebés se enriquecen con vitamina C.

Contenido de los alimentos en vitamina C
(en miligramos para 100 gramos)

Guayaba, kiwi	300
Perejil	170
Grosella	140
Estragón, acedera, pimientos	120
Bróculi, berro, rábano blanco	75
Limones, fresas, naranjas	50
Pomelo, mango	45
Mandarinas, litchis	30
Coles verdes	30 - 60
Hígados de animales	25 - 30
Espinacas, cardillos, rábanos	26
Nectarinas, tomates, castañas	24
Piña tropical, aguacates, milamores	20
Frambuesas, caquis	15
Guisantes, puerros	15
Sesos, lechuga, soja germinada	13
Plátanos, albaricoques secos, moras	12
Albaricoques, cerezas, melocotones	10
Melón, jamón, riñones	10
Endivias, salsifí	9
Espárragos, patatas	8,5
Pepino, nabos	8
Calabacines, cebollas	6
Zanahorias, apio, peras	5
Manzanas, ciruelas, uvas	4
Alcachofas	3
Judías verdes	2
Judías secas	1,2
Leche, yogures, lácteos	1
Carnes, pescados, crustáceos	0 - 2

Estabilidad

La vitamina C es muy oxidable, sensible al calor y a la luz, y muy soluble en agua: por eso la cocción de los alimentos puede reducir de manera importante (10 al 60 %) su contenido en vitamina C.

Carencia de vitamina C

La carencia de vitamina C implica el escorbuto, que se traduce en fatiga, hemorragias a nivel de la piel y de las encías, inflamación de las encías, pápulas alrededor de los orificios de los pelos, y cuya evolución puede llegar hasta hemorragias mortales. En los niños, las hemorragias cutáneas están más extendidas, existen hemorragias óseas (subperiostias), por el contrario no hay problemas a nivel de las encías antes de la aparición de los dientes (el escorbuto infantil se denomina enfermedad de Barlow).

El escorbuto ha llegado a ser excepcional, particularmente en los países industrializados, donde se dispone en abundancia de frutas y verduras durante todo el año.

Efectos indeseables

No existe intoxicación por vitamina C, ya que el organismo tiene una capacidad limitada de absorción, y elimina por sí mismo el exceso de vitamina C cuando los aportes sobrepasan los 3 gramos diarios.

Sin embargo, en algunas personas las dosis elevadas de vitamina C pueden implicar dolores de estómago o diarrea.

Por otra parte, la ingesta de dosis fuertes de vitamina C por las mujeres encintas puede aumentar las necesidades del feto, e implicar un escorbuto en el recién nacido.

El efecto de dosis elevadas de vitamina C, recomendadas por algunos en los constipados y los estados gripales, es ilusorio, tal como han demostrado numerosos experimentos.

Utilización como aditivo alimentario

La vitamina C ha sido autorizada como aditivo alimentario por sus propiedades antioxidantes (E 300), a dosis que no deben exceder los 300 miligramos por kilogramo de alimento.

Las leches para bebés, por otra parte, están enriquecidas obligatoriamente en vitamina C (3 a 12 miligramos para 100 mililitros), ya que es indispensable para los bebés con lactancia artificial, debido al flojo contenido en vitamina C de la leche de vaca (que es tres veces más pobre en esta vitamina que la leche de mujer).

EN LOS CONFINES DE LAS VITAMINAS

La vitamina B_4

La vitamina B_4, o adenina, descubierta en la levadura, es un factor de crecimiento para ciertos animales (por ejemplo, el pollo), de ahí su nombre de «vitamina».

Es un constituyente del adenosín trifosfato o ATP, molécula que tiene un papel esencial en la producción de la energía necesaria para el funcionamiento celular.

Sin embargo, no se la considera como una vitamina para el hombre.

Se la utiliza en medicina por el efecto benéfico que tendrá al aumentar el número de glóbulos blancos.

La vitamina B_7

La vitamina B_7, o mesoinositol, es un constituyente de las células muy extendido en el reino animal y en el reino vegetal. Ha sido asimilada con las vitaminas del grupo B, porque es un factor de crecimiento de las levaduras.

No se la considera como una vitamina para el hombre.

La vitamina B_{10}

La vitamina B_{10} o vitamina H', o ácido paraaminobenzoico, ha sido considerada como una vitamina porque es un factor de crecimiento de los microorganismos.

No se la considera como una vitamina para el hombre.

Se la emplea, especialmente, por la acción protectora que tiene contra los efectos nocivos del sol.

La vitamina B_{11}

La vitamina B_{11}, vitamina BT o carnitina, no es una vitamina para el hombre.

La produce el hígado a partir de un aminoácido, la lisina, y sirve de cofactor a una enzima necesaria para la producción de energía por los músculos, en esfuerzos musculares prolongados.

Se utiliza en los estados de desnutrición y en los estados de delgadez por su efecto estimulante sobre el apetito.

La vitamina B_{15}

La vitamina B_{15}, o ácido pangámico, no está reconocida actualmente como vitamina. Se utiliza por los deportistas de los países del Este, para favorecer la recuperación después del esfuerzo, aun cuando este efecto sea ilusorio.

El ácido lipoico

El ácido lipoico es un cofactor necesario para la acción de ciertas enzimas (deshidrogenasas).

Puede ser producido por el organismo humano (y por tanto no es una vitamina en el sentido estricto del término), pero no en cantidades suficientes, por lo cual debe ser aportado por los alimentos. Se encuentra en la mayoría de alimentos de origen animal o vegetal, y los más ricos son las levaduras y el hígado.

Las necesidades del organismo en ácido lipoico y su metabolismo todavía no se conocen lo suficiente, y no se ha descrito carencia alguna en el hombre, pero existe una afección genética excepcional (déficit en dihidrolipoil-deshidrogenasa) que ha podido ser mejorada por medio de la administración de ácido lipoico en dosis elevadas.

La vitamina F

Ciertos ácidos grasos, llamados ácidos grasos esenciales, pues el organismo no puede producirlos y por tanto ha de encontrarlos en su alimentación, han sido agrupados bajo el término general de «vitamina F».

Se trata del ácido linoleico, del ácido linolénico, y del ácido araquidónico, ácidos grasos poliinsaturados que es posible encontrar en cantidades notables sobre todo en los aceites y en las margarinas de origen vegetal. Los pescados los contienen mucho más que las carnes.

Su papel fisiológico es muy importante, y sus efectos beneficiosos sobre la elevación del «colesterol bueno» y la disminución del «colesterol malo» han sido bien determinados, pero que se les designe como vitaminas es abusivo, porque, a pesar de estos efectos extremadamente importantes para la salud (el enriquecimiento de la alimentación en ácidos grasos poliinsaturados reduce el riesgo de aterosclerosis), estos cuerpos grasos aportan calorías, del mismo modo que las otras grasas alimentarias.

La vitamina P o vitamina C_2

Este término se utiliza para un grupo de sustancias que tienen una acción tónica sobre la pared de los vasos, en particular sobre los capilares, y actúan en sinergia con la vitamina C.

Estas sustancias son muy abundantes en los alimentos, y no existe deficiencia en el hombre.

Se las utiliza por sus propiedades tonificantes sobre la pared de los pequeños vasos, en los problemas capilares y en los problemas venosos.

LAS SALES MINERALES
Y LOS OLIGOELEMENTOS

Las sales minerales y los oligoelementos son componentes del organismo de origen mineral. No hay una diferencia bien establecida entre las sales minerales y los oligoelementos, a no ser por su contenido en el cuerpo (ver la tabla de página 60).

Las sales minerales existen en cantidades relativamente elevadas en el organismo: son el calcio, el sodio, el magnesio, el fósforo y el potasio.

Los oligoelementos, por el contrario, están presentes en muy pequeñas cantidades en el organismo, e incluso, algunos de ellos solamente como vestigios: son el hierro, el cinc, el flúor, el cobre, el yodo, el manganeso, el cobalto, el selenio, el vanadio, el molibdeno y el cromo.

Estos elementos de origen mineral son eliminados por el organismo de manera regular y, por tal razón, sus pérdidas deben compensarse por medio de los aportes alimentarios correspondientes (ver la tabla de página 61).

Son, por tanto, nutrientes indispensables (que es necesario encontrar en los alimentos), pero que difieren de los otros nutrientes, los que producen energía (proteínas, grasas, hidratos de carbono), y de las vitaminas que no producen, por su pertenencia al reino mineral.

Al contrario que los nutrientes productores de energía (proteínas, grasas e hidratos de carbono), las sales minerales y los oligoelementos no aportan caloría alguna.

CALCIO

El calcio es el elemento mineral más abundante del organismo. Representa el 2 % del peso del cuerpo, o sea aproximadamente 1.200 gramos en un adulto.

LAS SALES MINERALES Y LOS OLIGOELEMENTOS

Contenidos del organismo en sales minerales y en oligoelementos (Adulto de 70 kilos)	
Sales minerales	
Calcio	1.200 gramos
Fósforo	700 gramos
Potasio	170 gramos
Sodio	100 gramos
Magnesio	25 - 30 gramos
Oligoelementos	
Hierro	4 gramos
Cinc	2 gramos
Flúor	800 miligramos
Cobre	100 miligramos
Yodo	30 miligramos
Manganeso	20 miligramos
Vanadio	20 miligramos
Molibdeno	5 miligramos
Cromo	5 miligramos
Cobalto	3 miligramos
Otros minerales	
Azufre	175 gramos
Silicio	1,4 gramos
Aluminio	100 miligramos
Plomo	80 miligramos
Estaño	30 miligramos
Cadmio	30 miligramos
Níquel	10 miligramos

LAS SALES MINERALES Y LOS OLIGOELEMENTOS

Necesidades cotidianas del organismo en sales minerales y en oligoelementos (Adulto de 70 kilos)	
Sales minerales	
Sodio	1.000 - 2.000 miligramos
Potasio	500 - 3.000 miligramos
Calcio	500 - 800 miligramos
Fósforo	800 miligramos
Magnesio	350 miligramos
Oligoelementos	
Hierro	10 - 20 miligramos
Cinc	15 miligramos
Manganeso	3 - 5 miligramos
Cobre	3 miligramos
Flúor	1 miligramo
Yodo	120 microgramos
Vanadio	100 microgramos
Cromo	100 microgramos
Molibdeno	100 microgramos
Selenio	50 - 100 microgramos
Otros elementos	
Azufre	4 - 5 gramos
Silicio	100 miligramos
Níquel	100 microgramos

El calcio es un constituyente esencial de los huesos y de los dientes (el 98 % del calcio del organismo se encuentra en el esqueleto). Sin embargo, tiene numerosas funciones más, ya que interviene en la permeabilidad de las células, en el funcionamiento de los nervios, de los músculos, del corazón, en la coagulación de la sangre, etc.

El calcio aportado por los alimentos se absorbe en el intestino, y la vitamina D es indispensable para esta absorción que, no obstante, no es completa: solamente se absorbe el 40 % del calcio aportado por los alimentos.

Necesidades (ver tabla de página 62)

Las necesidades de calcio son bastante mal conocidas, en particular porque su absorción es variable según los individuos.

Se acepta que estas necesidades son de alrededor de 500 a 800 miligramos por día en los adultos, y que existe riesgo de carencia por debajo de 400 miligramos diarios. Las necesidades de calcio son más elevadas en los niños y los adolescentes, y en las mujeres encintas y madres lactantes.

Fuentes alimentarias (ver tablas de páginas 63 a 65)

La ración alimentaria habitual aporta alrededor de 500 a 600 miligramos de calcio por día, de los cuales un 60 % procede de la leche y los productos lácteos.

Aportes cotidianos recomendados de calcio	
Bebés < 6 meses	360 - 400 miligramos
Niño de 6 a 12 meses	400 - 500 miligramos
Niño de 1 a 3 años.	600 miligramos
Niño de 4 a 9 años.	700 miligramos
Niño de 10 a 12 años.	900 miligramos
Adolescentes, chicos	1.000 miligramos
Adolescentes, chicas	1.000 miligramos
Hombre adulto	500 - 800 miligramos
Mujer adulta	500 - 800 miligramos
Mujer encinta	1.000 miligramos
Madre lactante	1.200 miligramos

Contenido en calcio de los alimentos (en miligramos para 100 gramos)	
Queso parmesano	1.350
Queso Emmenthal	1.100
Queso Gruyère	1.000
Queso Comté	900
Queso de Cantal, Holanda	780
Crema de Gruyère	750
Queso de Livarot, Roquefort	700
Queso Saint-Paulin	650
Pont-l'Evêque, queso de Normandía	560
Queso azul	500
Queso de Munster	330
Almendras	250
Leche condensada	250
Queso de cabra, de Coulommiers	200
Berros, perejil	200
Avellanas	200
Otros quesos	150 - 200
Higos secos	170
Bígaros, caracoles	165
Queso blanco	160
Habas, garbanzos	150
Yogures	140
Caviar, huevas de pescados	137
Judías secas	137
Leche (100 ml)	125 - 130
Natas heladas	130
Almejas, berberechos	130
Camarones, caballa	120
Cacao en polvo	100
Nata fresca	100
Mejillones	100
Chocolate	80 - 100
Albaricoques secos, nueces	80

Contenido en calcio de los alimentos	
(en miligramos para 100 gramos)	
Endivias	80
Cacahuetes, dátiles	70
Ostras (12)	70
Merluza, salmón, bogavante	64
Apio, espinacas, puerros	60
Lentejas	60
Grosella negra, kiwi	60
Pan integral, pan «toast»	50
Soja germinada	50
Alcachofas, col	45
Ciruelas, uvas pasas	45
Mandarinas, ruibarbo	40
Judías verdes, rábanos	36
Lechuga, cebollas	32
Cangrejo de mar	30
Fresas, frambuesas	30
Grosellas, naranjas	30
Huevo entero (unidad)	27
Zanahorias, guisantes	25
Champiñones	25
Espárragos, remolacha	20
Piña tropical, uva	20
Pastas, pan blanco	20
Cerezas, melón	18
Patatas	15
Pescados	10 - 50
Carnes	10

La mayoría de los alimentos contienen calcio, pero los más ricos son los quesos de pasta dura (como el gruyère), las almendras, los berros, el perejil, las avellanas, los otros quesos, los frutos secos, los lácteos (leche, yogures y queso blanco, natas heladas), los moluscos, las judías secas.

Aparte de la leche, las bebidas, especialmente ciertas aguas minerales, son bastante ricas en calcio (ver la tabla de página 65).

Contenido en calcio de las bebidas	
(en miligramos por litro)	
Leche de oveja	2.300
Leche de búfala	1.600
Leche de cabra	1.460
Leche de camella	1.430
Leche de vaca desnatada	1.300
Leche de vaca semidesnatada	1.300
Leche de vaca entera	1.250
Leche de burra	1.000
Leche de mujer	300
Vittel Hépar	592
Contrexeville	450
Vittel Grande Source	202
Badoit	157
Perrier	140
Vichy Saint-Yorre	113
Vichy Célestins	96
Appolinaris	90
Agua del grifo	70 - 200
Veri (Benasque)	68,5
Ribes	49,3
Charrier	0,3
Sidra	120
Cerveza de lujo	120
Zumos de frutas	60 - 100
Cerveza corriente	80
Vino	70
Zumo de tomate	70

Carencia de calcio

Las carencias de aporte de calcio no son excepcionales en los países industrializados: Sobrevienen en caso de consumo insuficiente de productos lácteos, y se agravan con los embarazos repetidos, la lactancia prolongada y los regímenes restrictivos abusivos.

Pueden observarse deficiencias en calcio en el curso de carencias en vitamina D (que es necesaria para la absorción del calcio), carencias en magnesio (que tiene una acción vitamínica D), en el curso de ciertas enfermedades (diarreas prolongadas, hipoparatiroidismo, insuficiencia renal crónica, metástasis óseas), y en ciertos tratamientos (corticoterapia prolongada, tratamientos contra las convulsiones o las leucemias).

Estas deficiencias en calcio pueden conducir a un descenso del calcio en la sangre (hipocalcemia) que puede implicar problemas neuro-musculares (tetania), y, a la larga, problemas a nivel de la piel, de los dientes, faneros (cabellos y uñas), del cristalino, de los huesos (osteomalacia en el adulto, raquitismo en el niño).

Intoxicación

La absorción intestinal exagerada de calcio es rara y puede conducir a un aumento de la tasa de calcio en la sangre (hipercalcemia), fuente de numerosos problemas: sed intensa con orina abundante, pérdida del apetito con náuseas, vómitos, cálculos urinarios, problemas cardiacos, neuropsíquicos, calcificaciones de los tejidos, insuficiencia renal.

La intoxicación por la vitamina D es la causa principal, pero pueden observarse tales problemas en personas que tienen úlcera digestiva y que toman grandes cantidades de carbonato cálcico (un alcalino) o de leche (síndrome de Burnett o síndrome de los grandes bebedores de leche). Igualmente, las personas afectadas por una enfermedad, la sarcodosis, pueden presentar problemas de este tipo cuando su ración alimentaria es demasiado rica en calcio o si toman vitamina D, incluso a dosis usuales.

Interacciones medicamentosas

La administración de calcio debe ser muy prudente en personas que toman digitálicos, y en este caso no debe hacerse por medio de inyecciones.

Del mismo modo, la administración de dosis elevadas de calcio en asociación con la vitamina D no debe efectuarse más que bajo control médico.

Los tratamientos prolongados con corticoides, y con ciertos medicamentos contra las convulsiones o la leucemia pueden exigir, por el contrario, un aporte elevado de calcio.

Interacciones alimentarias

El ácido fítico, que se encuentra en los cereales (sobre todo en el salvado de los cereales), las leguminosas, las nueces, se combinan en el intestino con el calcio en forma de fitato cálcico no absorbible, lo cual puede implicar un defecto de absorción del calcio, y consiguientemente una carencia en las personas cuya alimentación es demasiado rica en salvado (productos utilizados para luchar contra el estreñimiento), en cereales integrales, o en pan integral.

Por otra parte, el ácido fítico puede implicar también, por el mismo mecanismo, un defecto de absorción de ciertos oligoelementos (hierro, cobre, cinc).

FÓSFORO

El fósforo es la sal mineral cuantitativamente más importante en el organismo, después del calcio: un organismo adulto contiene casi 700 gramos, de los cuales 600 en el esqueleto.

El fósforo está presente bajo forma de fosfatos en todas las células del organismo, donde su papel es esencial, especialmente en la constitución de las células, y en el metabolismo energético.

Tiene, por otra parte, un papel plástico, ya que constituye, en combinación con el calcio (fosfato cálcico), la trama mineral de los huesos.

Necesidades (ver tabla de página siguiente)

Las necesidades de fósforo son del mismo orden que las necesidades de calcio, o sea 800 miligramos por día en el adulto. Son más elevadas en los adolescentes, y en las mujeres encintas o madres lactantes.

Aportes cotidianos recomendados de fósforo	
Bebés < 6 meses	150 - 350 miligramos
Niño de 6 a 12 meses.	350 - 450 miligramos
Niño de 1 a 3 años	450 - 600 miligramos
Niño de 4 a 9 años	600 - 900 miligramos
Niño de 10 a 12 años	1.000 miligramos
Adolescentes, chicos	1.400 miligramos
Adolescentes, chicas	1.400 miligramos
Hombre adulto	800 miligramos
Mujer adulta	800 miligramos
Mujer encinta	1.500 miligramos
Madre lactante	1.500 - 2.000 miligramos

Estas necesidades están ampliamente cubiertas por la alimentación.

Fuentes alimentarias (ver tabla de página siguiente)

Casi todos los alimentos contienen fósforo, y los alimentos ricos en proteínas y en calcio son igualmente ricos en fósforo.

Los alimentos más ricos en fósforo son los quesos, la yema de huevo, los frutos oleaginosos, las legumbres secas, el chocolate, las sardinas, el atún, los moluscos y crustáceos, las carnes y los pescados.

Carencia de fósforo

Al ser muy abundante el fósforo en los alimentos, no hay carencia del mismo en el hombre.

Interacciones medicamentosas

Ciertos medicamentos que contienen hidróxido de aluminio (utilizados especialmente como antiácidos en las gastritis y úlceras digestivas), pue-

Contenido en fósforo de los alimentos	
(en miligramos para 100 gramos)	
Cacao en polvo	700
Quesos de pasta dura	600
Yema de huevo	550
Almendras	470
Sardinas	470
Avellanas, nueces	400
Chocolate	400
Legumbres secas	400
Queso Roquefort	360
Atún	300
Arroz integral	300
Crustáceos, moluscos	200 - 300
Quesos de pasta blanda	160 - 300
Carnes, pescados	170 - 200
Pan integral	200
Arroz blanco	180
Frutos secos	120
Guisantes	120
Champiñones	100
Hígados de animales	100
Huevo entero (unidad)	100
Leche (100 ml)	90
Yogures, queso blanco	90
Pan blanco	90
Espárragos, soja germinada	70
Coliflor, bróculi	70
Patatas, apio	60
Otras legumbres	15 - 50
Azúcar	40
Frutas frescas	8 - 30

den crear un déficit de absorción del fósforo, formando con él en el intestino precipitados no asimilables, en caso de administración prolongada. Estos medicamentos se utilizan para tratar las elevaciones de la tasa de fósforo sanguíneo (hiperfosforemias) que se observan en ciertas enfermedades.

MAGNESIO

El magnesio es la sal mineral más abundante en el organismo después del calcio y el fósforo. El cuerpo de un adulto contiene entre 25 y 30 gramos, de los cuales el 70 % están localizados en el esqueleto.

Este elemento mineral tiene un papel muy importante en el funcionamiento normal de las células, la transmisión de los impulsos nerviosos, la contracción de los músculos, la formación de anticuerpos, la acción de numerosas enzimas, etc.

La absorción del magnesio aportado por los alimentos se efectúa en el intestino, pero esta absorción no es completa (solamente del 30 al 60 % del magnesio ingerido).

La administración simultánea de vitamina D favorece la absorción.

Necesidades (ver tabla de página siguiente)

Las necesidades de magnesio se evalúan en el adulto en 5 miligramos por kilo de peso y por día, o sea alrededor de 350 miligramos diarios.

Son más elevadas en las mujeres encintas o las madres lactantes (400 miligramos por día), y también más elevadas en los sujetos muy activos y en los deportistas (500 a 600 miligramos diarios).

Fuentes alimentarias (ver tabla de página 72)

Las fuentes principales de magnesio son el cacao, el chocolate, los cereales integrales, los frutos oleaginosos, los moluscos, las legumbres secas, los frutos secos, el arroz integral, el pan integral.

El aumento de la tasa de cernido de los cereales (es decir, del porcentaje de salvado eliminado de los granos en el curso de su preparación) reduce su contenido en magnesio. El pan blanco es, por consiguiente, al-

Aportes cotidianos recomendados de magnesio	
Bebés < 6 meses	50 miligramos
Niño de 6 a 12 meses	50 miligramos
Niño de 1 a 3 años.	100 miligramos
Niño de 4 a 9 años.	150 - 250 miligramos
Niño de 10 a 12 años.	150 - 250 miligramos
Adolescentes, chicos	350 miligramos
Adolescentes, chicas	350 miligramos
Hombre adulto	350 miligramos
Mujer adulta	350 miligramos
Mujer encinta	400 miligramos
Madre lactante	400 miligramos

rededor de tres veces más pobre en magnesio que el pan integral (y la misma diferencia existe entre el arroz descascarillado y el arroz integral).

Carencia de magnesio

La ración alimentaria en los países industrializados aporta solamente 120 miligramos de magnesio para 1.000 calorías, especialmente a causa de la disminución del consumo de cereales y de legumbres secas.

Por tanto, puede ser insuficiente, especialmente en las personas que se someten a un régimen para adelgazar (los alimentos ricos en magnesio son en su mayor parte los ricos en calorías), y también en las mujeres embarazadas y madres lactantes.

Se pueden observar también carencias de magnesio en los alcohólicos, en estados de desnutrición, y en ciertas enfermedades (malabsorciones intestinales, pancreatitis, diabetes, hipoparatiroidismo, hipertiroidismo, etc.).

Estas carencias pueden traducirse en fatiga, calambres, ansiedad, hiperemotividad, dolores musculares, palpitaciones, o crisis de «tetania» sin hipocalcemia («espasmofilia»).

El magnesio mejora muy frecuentemente los estados llamados espasmófilos, haciendo a menudo inútiles los numerosos medicamentos administrados a las personas que los sufren (tranquilizantes, vitamina D, calcio).

Alimentos ricos en magnesio	
(en miligramos para 100 gramos)	
Cacao en polvo	420
Caracoles de mar	410
Germen de trigo	400
Chocolate en tableta	290
Almendras	255
Harina de soja	250
Venus (moluscos marinos)	246
Nuez del Brasil	225
Trigo sarraceno	220
Cacahuetes	170
Judías secas, habas	160
Buccinos (moluscos)	160
Avellanas	140
Nueces	130
Copos de avena	130
Maíz	120
Acelgas	110
Chocolate con leche	110
Plátanos secos	105
Arroz integral	105
Pan integral	90
Lentejas	90
Almejas	90
Higos secos	80
Dátiles	70
Cocos	50
Espinacas	50
Berberechos	50
Cangrejos, camarones	50

Exceso de magnesio

Las intoxicaciones por magnesio son raras, pero pueden observarse, particularmente en casos de aportes excesivos de magnesio en inyecciones en sujetos con insuficiencia renal: Se traducen en un descenso de la tensión arterial, náuseas, somnolencia, y problemas cardíacos.

POTASIO

El potasio es un metal presente en el organismo, y muy particularmente en el interior de las células, que contienen el 90 % del potasio del cuerpo humano.

El potasio tiene un papel esencial en la permeabilidad de la membrana de las células del organismo (como el sodio, el cual es preponderante en los líquidos situados en el exterior de las células).

También tiene un papel importante en la utilización de las proteínas y de los glúcidos, en la excitabilidad neuromuscular, en el funcionamiento del corazón, etc.

Así pues, el papel del potasio en el organismo es completamente esencial, y tanto su deficiencia como su exceso se traducen en problemas graves.

Necesidades

Las necesidades de potasio en los sujetos normales se evalúan entre 0,5 y 3 gramos por día, y están ampliamente aseguradas, en la inmensa mayoría de casos, por la alimentación, que suministra entre 2 y 4 gramos por día como promedio.

Fuentes alimentarias (ver tablas de páginas 74 y 75)

El potasio está ampliamente contenido en la mayoría de alimentos, y sus necesidades quedan cubiertas de sobras con la ración alimentaria.

Los alimentos más ricos en potasio son las legumbres secas, los frutos secos y oleaginosos, las carnes y los pescados ahumados, cier-

Contenido en potasio de los alimentos (en miligramos para 100 gramos)	
Levadura de cerveza seca	1.900
Cacao seco en polvo	1.000
Legumbres secas	900 - 1.500
Frutos secos	700 - 1.600
Almendras, perejil	800
Aguacates, dátiles	650
Cacahuetes	630
Jamón ahumado	610
Avellanas, nueces	600
Castañas	530
Arenque ahumado	520
Sardinas	510
Caballa, caviar	420
Germen de trigo	400
Salmón, trucha	380
Otros pescados	220 - 350
Champiñones, espinacas	500
Patatas, acelgas	500
Endivias, calabaza	400
Plátanos, grosella negra	380
Chocolate	330 - 420
Crustáceos, moluscos	250 - 350
Corazón de buey o de ternera	350
Ternera	350
Pavo, pollo	350
Piezas de caza	320
Buey, cordero	300
Hígados de animales	300
Sesos	300
Ostras (12)	300
Guayaba, kiwi	320
Albaricoques frescos	300
Otras frutas frescas	100 - 250

Contenido en potasio de los alimentos	
(en miligramos para 100 gramos)	
Remolacha, col, nabos.................	300
Zanahorias, apio......................	300
Berro, lechuga, acedera...............	300
Guisantes, puerros....................	300
Tomates, judías verdes	260
Otras verduras frescas................	100 - 250
Grosellas	280
Pato	280
Cordero...............................	250
Riñones	250
Lengua	230
Pan integral	225
Tostadas secas........................	200
Leche desnatada (100 ml)..............	200
Leche entera (100 ml)	150
Natas heladas.........................	135
Quesos	100 - 200
Zumos de frutas (100 ml)..............	100 - 200
Huevo entero (unidad)	70
Cerdo, caballo	160
Jamón.................................	100
Pan blanco	100
Arroz, pastas	100
Vino (100 ml)	100
Sidra (100 ml)........................	75 - 150
Coca-cola (100 ml)....................	52
Cerveza (100 ml)	30 - 50

tos pescados (sardinas, caballa) y verduras (patatas, espinacas, acelgas, champiñones), el chocolate, los plátanos, la grosella negra, pero todos los alimentos lo contienen. Los alimentos más pobres en potasio son los productos azucarados (miel, azúcar y dulces) y las materias grasas (mantequilla, aceites, margarinas).

Carencia de potasio

Una carencia de potasio (hipocaliemia) puede observarse en ciertos tratamientos: corticoterapia prolongada, toma de ciertos diuréticos, régimen estricto sin sal, abuso de laxantes.

Entonces puede ser necesario un régimen rico en potasio, o un aporte bajo forma medicamentosa (a menudo mal tolerado por el tubo digestivo).

Por el contrario, puede ser deseable un régimen pobre en potasio en ciertas afecciones caracterizadas por una retención del potasio (insuficiencias suprarrenales e insuficiencias renales).

Exceso de potasio

Únicamente sobreviene en caso de aportes excesivos, sobre todo bajo forma medicamentosa, en personas que presentan una insuficiencia suprarrenal o renal, y en ciertas asociaciones de medicamentos destinados a tratar la hipertensión arterial.

SODIO

El sodio es el elemento mineral preponderante en la sangre y en los líquidos extracelulares del cuerpo.

Tiene un papel extremadamente importante en el mantenimiento del equilibrio entre los diversos líquidos del organismo, en la hidratación de las células, en el mantenimiento del equilibrio ácido-básico, en la excitabilidad normal de los músculos.

La sal que se añade a los alimentos es *cloruro sódico*, que contiene un 40 % de sodio (1 gramo de sal aporta 400 miligramos de sodio).

Necesidades

Al contrario que otros nutrientes, para los cuales se han definido aportes alimentarios «recomendados», con el fin de evitar cualquier carencia de ingesta, conviene insistir en el hecho de que el aporte alimentario en sodio es ampliamente excedente. En efecto, las necesidades de un sujeto adulto son del orden de 1 a 2 gramos de sodio por día, mientras que la ración alimentaria aporta alrededor de 4 a 6 gramos diarios, y a veces mucho más en ciertos países (hasta 12 a 16 gramos por día en Japón, por ejemplo).

Se sabe, por otra parte, que la hipertensión arterial es más frecuente en Japón (30 a 40 % de la población) que en los otros países (10 a 15 % de la población).

Es probable que el exceso de consumo de sodio, junto con una predisposición genética de ciertos sujetos, juegue un papel importante en la manifestación de esta enfermedad.

Fuentes alimentarias (ver tablas de páginas 78 y 79)

El sodio es aportado, por una parte, por los alimentos que lo contienen (alrededor del 60 % de los aportes), y por otra por la sal que se les añade para sazonarlos y para cocerlos (alrededor del 40 % de los aportes).

El aporte alimentario en sodio sobrepasa siempre las necesidades del organismo, y es preciso combatir el hábito de añadir sal a los alimentos, especialmente educando a los niños, pero también desaconsejando esa práctica a los adultos.

Carencia de sodio

La falta de sodio, que implica (si se conserva el aporte de agua) una hidratación excesiva de las células y una deshidratación de los líquidos extracelulares, no es posible más que en circunstancias anormales: diarrea, vómitos, transpiración excesiva, insuficiencia suprarrenal aguda, nefritis crónicas, prescripción de un régimen estrictamente sin sal con diuréticos.

Téngase en cuenta que la supresión de la sal «no hace adelgazar», ¡contrariamente a una idea muy difundida!

Alimentos muy ricos en sodio (en miligramos para 100 gramos)	
Sal común	40.000
Algas marinas secas	5.000
Carnes y pescados ahumados	2.000 - 4.000
Aceitunas	2.000 - 3.000
Embutidos	800 - 2.500
Camarones	1.600
Salsas industriales	1.500
Agua de Vichy (1 litro)	1.300 - 1.700
Pepinillos, alcaparras	1.200 - 1.600
Arenque ahumado	1.000
Galletas saladas	1.000
Salchichón	1.000
Caviar, huevas de pescados	800
Sardinas en aceite	760
Salchichas	600 - 1.000
Quesos	400 - 1.000
Choucroute	650
Salmón en conserva	540
Atún en conserva	540
Pan	500 - 650
Mantequilla salada	400
Patatas chips	340 - 400
Tostadas	300 - 400
Conservas (promedio)	300 - 400
Crustáceos	300 - 400
Moluscos	250 - 350
Ostras (12)	300
Mantequilla semisalada	200
Riñones	200
Otros despojos	100 - 120

Contenido en sodio de otros alimentos (en miligramos para 100 gramos)	
Acelgas	135
Margarinas	100
Remolacha, apio	100
Espinacas	100
Pescados de mar	60 - 150
Pescados de agua dulce	60 - 100
Cordero, pato, cabrito	80 - 90
Chocolate con leche	85
Buey, pollo	70
Berro, cardillo	75
Champiñones	25 - 75
Huevo entero (unidad)	70
Pavo, cerdo	60
Cacao seco en polvo	50
Nabos, puerros	50
Otras verduras frescas	3 - 40
Leche (100 ml)	50
Queso blanco, yogures	40
Judías secas, garbanzos secos	40
Conejo	40
Yema de huevo (unidad)	30
Coco	20 - 35
Caballo, ternera	20 - 30
Mantequilla no salada	22
Castañas	7 - 37
Chocolate en tableta	12 - 20
Frutos secos	10 -30
Frutas frescas	0,3 - 10
Frutos oleaginosos, pastas	3 - 5
Lentejas, habas, arroz	1 - 3

Exceso de sodio

Tal como ya se ha indicado, una alimentación demasiado rica en sodio favorece la hipertensión arterial en las personas predispuestas a esta enfermedad.

Ciertas enfermedades causan una retención de sodio, que implica una deshidratación de las células, y edemas (insuficiencia cardiaca, hepática o renal).

HIERRO

El hierro es el oligoelemento preponderante en el cuerpo humano: el organismo de un sujeto adulto contiene casi 4 gramos, de los cuales el 70 % están localizados en la hemoglobina (sustancia presente en los glóbulos rojos de la sangre) que juega un papel esencial en el transporte del oxígeno desde los pulmones hacia todos los otros órganos.

Además del papel esencial del hierro en la constitución de la hemoglobina, este metal es un constituyente de la mioglobina de los músculos, y de numerosas enzimas que intervienen en los procesos de oxidación.

La absorción del hierro aportado por los alimentos no es completa (10 % como promedio), y es variable según los alimentos (entre el 2 y el 20 %): es mejor cuando se trata de alimentos de origen animal.

Necesidades (ver tabla en página siguiente)

Las necesidades de hierro varían según la edad entre 7 y 18 miligramos por día.

En proporción al peso, son mucho más elevadas en los bebés (casi las de un hombre adulto) que en los niños mayores y los adultos.

En las mujeres, desde la pubertad hasta la menopausia, son casi dos veces más importantes que las de un hombre, pues la menstruación causa una pérdida suplementaria de hierro, proporcional a su abundancia.

Aportes cotidianos recomendados en hierro	
Bebés < 6 meses	7 miligramos
Niño de 6 a 12 meses	9 miligramos
Niño de 1 a 3 años.	10 miligramos
Niño de 4 a 9 años.	10 miligramos
Niño de 10 a 12 años.	10 miligramos
Adolescentes, chicos	15 miligramos
Adolescentes, chicas	16 - 18 miligramos
Hombre adulto	10 miligramos
Mujer adulta	16 - 18 miligramos
Mujer encinta	20 miligramos
Madre lactante	20 - 22 miligramos

Por último, las necesidades de hierro se incrementan en las mujeres embarazadas, sobre todo en la segunda mitad de la gestación, y en las madres lactantes.

Fuentes alimentarias (ver tabla de página 82)

La alimentación normal aporta como promedio entre 10 y 15 miligramos de hierro por día. Por consiguiente, teniendo en cuenta su absorción reducida y variable según los alimentos, no cubre, las necesidades de hierro en todos los casos.

Los alimentos más ricos en hierro son los mariscos, la morcilla, el hígado y los despojos, los huevos (sobre todo la yema), el cacao, las legumbres secas, los frutos secos y oleaginosos, las carnes, los pescados y los crustáceos.

Sin embargo, se absorbe mucho mejor el hierro de los alimentos de origen animal (16 % como promedio para los despojos, carnes, pescados y moluscos) que el de los alimentos vegetales (1 al 5 %).

Los productos lácteos, los quesos, la mayor parte de frutas y verduras verdes, las grasas y los glúcidos contienen muy poco. La leche de vaca es muy pobre en hierro, y los bebés pueden tener una carencia después de la edad de 6 meses si su alimentación es exclusivamente láctea.

Alimentos ricos en hierro (en miligramos para 100 gramos)	
Almejas	26
Mejillones	24
Berberechos	20
Morcilla	20
Hígado de cerdo	13
Cacao en polvo	12
Hígado de buey	10
Hígado de cordero	10
Riñones	5 - 10
Habas	9
Judías secas	7
Lentejas	7
Yema de huevo	6
Guisantes secos	6
Ostras (12)	5,5
Hígado dc ternera	5
Frutos oleaginosos	4,5
Corazón de buey	4
Frutos secos	3 - 4
Espinacas	4
Lengua de buey	3,5
Carnes	3
Perejil	3
Huevo entero (unidad)	2,8
Chocolate	2,8
Berros	2,5
Pan integral	2,2
Aves, caza, jamón	2
Pescados, crustáceos	0,5 - 2
Vino (100 ml)	0,6 - 1,2

Carencia de hierro

La carencia de hierro implica una anemia, con palidez, fatiga, palpitaciones, y descenso del hierro seroso.

El riesgo de carencia de hierro es real en las mujeres que menstrúan, y este riesgo es tanto mayor cuanto más abundantes son las reglas. También existe ese riesgo en el bebé alimentado con leche de vaca (muy pobre en hierro), si no se diversifica su alimentación desde la edad de 6 meses, ya que sus reservas de hierro se agotan en el curso de los primeros meses.

Puede existir también una carencia de hierro en los sujetos vegetarianos (en los alimentos de origen animal el hierro es más asimilable), en las personas de edad y en las personas con ingresos modestos (que frecuentemente limitan su consumo de carne y de productos de origen animal), en las personas que se someten a regímenes restrictivos y desequilibrados, y durante el embarazo y la lactancia (en que aumentan las necesidades).

Además de estas carencias de aporte, ciertas enfermedades pueden crear una carencia, en particular todas las causas de hemorragias crónicas, la anquilostomiasis (enfermedad parasitaria que implica pérdidas de sangre mínimas pero prolongadas), y las afecciones digestivas importantes (ablación del estómago, etc.).

Interacciones medicamentosas y alimentarias

La absorción del hierro se ve aumentada por la vitamina C, y reducida por el ácido fítico (ver página 67), y por ciertos medicamentos (tetraciclinas, antiácidos).

YODO

El yodo es un elemento muy importante, que entra en la composición de las hormonas producidas por la glándula tiroides, y que el organismo debe encontrar en los alimentos.

Necesidades (ver tabla de página siguiente)

Las señales de carencia de yodo sólo aparecen cuando los aportes son inferiores a 30 o 40 microgramos por día durante un periodo prolongado,

Aportes cotidianos recomendados de yodo	
Bebés < 6 meses	50 microgramos
Niño de 6 a 12 meses	50 microgramos
Niño de 1 a 3 años.	70 microgramos
Niño de 4 a 9 años.	90 microgramos
Niño de 10 a 12 años.	90 microgramos
Adolescentes, chicos	140 microgramos
Adolescentes, chicas	140 microgramos
Hombre adulto	120 microgramos
Mujer adulta	120 microgramos
Mujer encinta	140 microgramos
Madre lactante	140 microgramos

pero los aportes recomendados son más elevados (unos 120 microgramos por día en el adulto). Se incrementan ligeramente durante la pubertad, en las mujeres encintas, y en las madres lactantes.

Fuentes alimentarias (ver tabla de página siguiente)

El aporte alimentario de yodo varía según las regiones y el tipo de alimentación entre 50 y 500 microgramos diarios, lo cual cubre generalmente las necesidades, pero es inferior a esto en ciertas zonas.

Los alimentos más ricos en yodo (excepto las sales yodadas, enriquecidas con yoduro de potasio) son los crustáceos y mariscos, los pescados de mar, y ciertos alimentos de origen vegetal (ajos, judías verdes, cebollas, rábanos).

Ciertos vegetales (col, boniatos, colinabos, mandioca, sorgo) contienen una sustancia que inhibe la formación de las hormonas de la glándula tiroides y aumenta, por tanto, los efectos de una eventual carencia de yodo.

Carencia de yodo

La carencia crónica de aporte alimentario en yodo se traduce en una disminución de la producción de hormonas por la glándula tiroi-

Contenido en yodo de los alimentos (en microgramos para 100 gramos)	
Algas marinas	700.000
Soja en grano	115
Harina de pescados	100
Arenque ahumado	100
Ajos	90
Camarones	90
Cangrejo	40
Bogavante, langosta	37
Mejillones	35
Judías verdes	32
Ostras (12)	18
Otros mariscos	5 - 40
Pescados de mar	10 - 40
Nabos	20
Cebollas	20
Rábanos	16
Puerros	10
Huevo entero (unidad)	10
Frutos secos	8 - 10
Zanahorias	9
Leche de vaca (100 ml)	0,5 - 30
Cereales (granos)	1 - 6
Pescados de agua dulce	3 - 5
Carnes	3
Patatas	3
Otras verduras frescas	1 - 5
Frutos oleaginosos	2 - 4
Legumbres secas	1 - 2
Frutas frescas	1 - 2
Pan	0,8 - 1

des, que aumenta entonces de volumen: es el bocio por carencia yodada o bocio endémico, que puede prevenirse por medio del empleo de sal yodada.

Si esta carencia sobreviene muy pronto en la vida, el niño puede verse afectado por debilidad mental («cretinismo»).

Esta carencia era frecuente en ciertas regiones montañosas de Europa (Suiza, Jura, Alpes, Balcanes), donde ha desaparecido prácticamente (en especial en Suiza después de la utilización de sal yodada), pero todavía persiste en ciertas zonas del mundo.

CINC

El cinc es un oligoelemento presente en el cuerpo en cantidad muy pequeña (300 miligramos por kilo, o sea alrededor de 1,7 a 2,4 gramos en un adulto).

Este metal es indispensable para el organismo, pues entra en la constitución de numerosas enzimas, e interviene en la síntesis de las proteínas.

Necesidades (ver tabla debajo)

Las necesidades en cinc del organismo se estiman, según la edad, entre 3 y 15 miligramos por día, y generalmente las cubre la alimenta-

Aportes cotidianos recomendados de cinc	
Bebés < 6 meses	3 - 5 miligramos
Niño de 6 a 12 meses.	3 - 9 miligramos
Niño de 1 a 3 años	10 miligramos
Niño de 4 a 9 años	10 miligramos
Niño de 10 a 12 años	15 miligramos
Adolescentes, chicos	15 miligramos
Adolescentes, chicas	15 miligramos
Hombre adulto.	15 miligramos
Mujer adulta	15 miligramos
Mujer encinta.	20 miligramos
Madre lactante	25 miligramos

ción. Son un poco más elevadas en la mujer encinta o la madre lactante (20 a 25 miligramos por día).

Fuentes alimentarias (ver tabla de página 88)

El cinc está presente en pequeñas cantidades en gran número de alimentos, pero su principal fuente alimentaria está constituida por los alimentos de origen animal: ostras (que son muy ricas en cinc), carnes y despojos, pescados, mariscos y crustáceos, yema de huevo y aves.

Carencia de cinc

Se han descrito carencias de cinc en países donde el consumo de alimentos ricos en ácido fítico es importante (Irán, Egipto). Se traducen en retraso del crecimiento, y a veces incluso enanismo, retraso del desarrollo sexual, y problemas cutáneos, que desaparecen después de un aporte de cinc.

En Occidente se han observado problemas imputables a una carencia de cinc en personas que presentan insuficiencia hepática, una infección grave, o un traumatismo corporal serio (quemadura importante, infarto de miocardio, intervención quirúrgica importante, fracturas de grandes huesos).

Interacciones alimentarias

El ácido fítico, presente en los cereales (sobre todo en el salvado), el pan integral, las leguminosas, las nueces, puede reducir la absorción intestinal del cinc (al igual que la del calcio, el hierro, y el cobre).

COBRE

El cobre es un oligoelemento presente en el cuerpo en cantidad ínfima (75 a 150 miligramos).

LAS SALES MINERALES Y LOS OLIGOELEMENTOS

Contenido en cinc de los alimentos (en miligramos para 100 gramos)	
Ostras	20
Caballo	6
Pan integral	5
Yema de huevo	4
Hígados de animales	4
Ternera	3,5
Anguila	3
Legumbres secas	2 - 5
Mariscos	2 - 3,5
Aves	2,7
Cerdo	2,6
Caracoles	2,5
Riñones	2,4
Crustáceos	2 - 2,5
Cordero, cabrito	2
Pan blanco	2
Sesos	1,7
Pescados	1,5 - 3
Buey	1,5
Col	1,5
Frutos oleaginosos	1 - 2
Huevo entero (unidad)	1
Ajos, cebollas	1
Frutos secos	0,2 - 0,8
Leche de mujer (100 ml)	0,7
Leche de vaca (100 ml)	0,5
Espinacas, ensaladas	0,5
Patatas	0,3
Otras verduras frescas	0,1 - 0,2
Frutas frescas	0,1 - 0,2

Este metal indispensable, que se debe encontrar en los alimentos, tiene un papel muy importante. En efecto, entra en la composición de varias enzimas necesarias en los procesos de oxidación, e interviene en la síntesis de las proteínas, en la absorción del hierro, y en la formación de los glóbulos rojos.

Necesidades

El aporte alimentario recomendado es de 3 miligramos diarios en el adulto, de 50 microgramos por kilo y por día en el niño, y de 80 microgramos por kilo y por día en el bebé.

La alimentación cubre estas necesidades en los adultos y los niños, pero puede existir una carencia en el bebé.

Fuentes alimentarias (ver tabla de página 90)

Los aportes alimentarios de cobre varían de 2 a 5 miligramos por día, con lo cual cubren ampliamente las necesidades.

Los alimentos más ricos en cobre son los hígados de animales, los mariscos y los crustáceos, las legumbres secas, los champiñones, los frutos oleaginosos, las carnes (excepto el buey y el cordero), los pescados, pero se encuentra también en las verduras verdes y las frutas frescas.

Por el contrario, la leche, los productos lácteos y los quesos, así como el pan blanco, aportan poco cobre.

Carencia de cobre

La carencia de cobre no existe en el adulto ni en el niño, salvo en el caso muy particular de una nutrición realizada exclusivamente por vía inyectable.

Por el contrario, se han descrito carencias de cobre en bebés alimentados exclusivamente y durante largo tiempo con leche de vaca, que es muy pobre en cobre.

Contenido en cobre de los alimentos (en miligramos para 100 gramos)	
Hígado de ternera	15
Hígado de cordero	15
Vieiras	10
Ostras (12)	4
Cacao	3,5
Mejillones	3,2
Cangrejos de río, bogavante	2
Hígado de buey	2
Germen de trigo	1,3
Cangrejo, camarones	1
Huevas de pescados	1
Almendras, nueces, avellanas	1
Pimienta	1
Habas, judías secas	1
Lentejas, guisantes secos	0,6
Copos de avena	0,6
Champiñones, berros	0,6
Castañas	0,6
Caballo	0,6
Cordero, pato	0,4
Pan integral	0,4
Oca, cerdo, pollo	0,3
Frutos secos, aceitunas	0,3 - 0,6
Pescados	0,05 - 0,3
Verduras verdes	0,05 - 0,2
Frutas frescas	0,05 - 0,2
Pan blanco	0,1
Huevo entero (unidad)	0,08
Buey, cabrito	0,05

Estas carencias se traducen en anemia (y más raramente en diarrea, y disminución del número de glóbulos blancos), y curan cuando se prescribe un tratamiento que asocie el cobre y el hierro.

Interacciones alimentarias

El ácido fítico, presente en los cereales (sobre todo en el salvado), el pan integral, las leguminosas y las nueces podrían reducir la absorción del cobre (al igual que la del calcio, el hierro y el cinc).

OTROS OLIGOELEMENTOS

El selenio

El selenio es un oligoelemento aportado sobre todo por los cereales integrales, las carnes, las aves y los pescados. La tasa de selenio de los cereales depende de la riqueza en este mineral de los suelos donde se cultivan.

Este oligoelemento es un constituyente esencial de una enzima (glutatión peroxidasa) que tiene un papel importante como antioxidante. El selenio actúa en sinergia con la vitamina E, que tiene igualmente un efecto antioxidante.

Las necesidades cotidianas del organismo en selenio se han estimado en 2 microgramos por kilo en el niño pequeño, y entre 50 y 100 microgramos en el niño de más de 5 años y en el adulto.

Se pueden imputar diversos problemas a una carencia de selenio:

● Una insuficiencia cardiaca con corazón grande, que afecta preferentemente a ciertas poblaciones de regiones muy limitadas de China (síndrome de Keshan): la enfermedad puede prevenirse con un aporte de selenio, y sería debida a un defecto del mismo en los suelos y en las aguas potables de estas regiones.

● La aparición, con extrema frecuencia, de problemas coronarios, ha sido observada en una región de Finlandia (Nor-Carelia) que ostenta el récord mundial en lo concerniente a la frecuencia del infarto de miocardio. Es una región donde se ha comprobado la carencia de selenio. Es probable que esta carencia, unida a un modo de alimentación caracterizado por su riqueza en grasas de origen animal y su pobreza en grasas vegetales poliinsaturadas, sea responsable de esta frecuencia tan elevada de la mortalidad por infarto de miocardio.

● También se ha informado sobre carencia de selenio en enfermos alimentados durante varios meses únicamente por vía inyectable.

Los papeles del selenio y las causas y consecuencias de su carencia son todavía mal conocidos, y están pendientes de estudios más completos.

El flúor

El flúor es un constituyente esencial del esqueleto y del esmalte de los dientes: su papel en la prevención de la caries dentarias en el niño es bien conocido.

Es un oligoelemento cuyas necesidades se estiman en alrededor de 1 miligramo diario.

Los aportes dependen de la riqueza de los suelos en flúor, y el agua potable constituye su fuente principal.

El contenido óptimo de las aguas es de 1 miligramo de flúor por litro, pues el flúor es tóxico en dosis excesivas (más de 3 miligramos por litro de agua): el exceso de flúor o fluorosis implica alteraciones graves de los huesos y de los dientes.

El manganeso

El manganeso es un oligoelemento contenido en cantidad muy pequeña en el organismo (20 miligramos), donde se almacena sobre todo a nivel del hígado y los riñones.

Este metal es necesario para la acción de cierto número de enzimas.

Las necesidades cotidianas de manganeso se conocen mal (serían de 3 a 5 miligramos), pero quedan cubiertas por la alimentación, ya que no se ha observado su carencia en el hombre.

El vanadio

El vanadio es un oligoelemento metálico cuyo papel fisiológico no se conoce muy bien.

Se le encuentra en pequeñas cantidades en los alimentos de origen animal. El cuerpo de un sujeto adulto contiene alrededor de 20 miligramos, y no se conocen exactamente las necesidades (serían de alrededor de 100 microgramos por día).

Los otros oligoelementos

En el organismo existen otros numerosos elementos inorgánicos en estado de vestigios, y algunos de ellos tienen un papel indiscutible.

Es el caso del cobalto, que es un constituyente de la vitamina B$_{12}$, del molibdeno, que es un constituyente de una enzima (xantina oxidasa), y del cromo, que sería un cofactor de la insulina.

Es difícil demostrar que un oligoelemento es indispensable, pues aunque algunos se ha comprobado en animales en condiciones experimentales, no ha sido así en el hombre (níquel, estaño, silicio).

Otros elementos inorgánicos son probablemente contaminantes del medio ambiente: tales como el aluminio, el arsénico, el boro, el cadmio, el mercurio y el plomo. Estos dos últimos son, además, extremadamente tóxicos.

BIBLIOGRAFÍA

J. ADRIAN, G. LEGRAND, R. FRANGNE: *Dictionnaire de biochemie alimentaire et de nutrition.* Technique et documentation. París, 1981.

M. APFELBAUM, L. PERLEMUTER y colaboradores: *Dictionnaire pratique de diététique et de nutrition.* Masson editeur, París, 1981.

M. ASTIER-DUMAS: *Valeur nutritionnelle de quelques produits prêts à être consommés.* Centre de recherches Foch, 45 rue des Saints-Pères, París, 1983.

H. BOUR y M. DEROT: *Guide pratique de diététique.* Baillière éditeur, París, 1974.

A. F. CREFF y L. BERARD: *Dictionnaire de la nouvelle diététique.* R. Laffont éditeur, París, 1984.

H. DUPIN: *Apports nutritionnels conseillés pour les populations françaises.* CNRS-CNERNA. Technique et documentation, París, 1981.

H. GOUNELLE DE PONTANEL y colaboradores: *Les carences vitaminiques et les hypervitaminoses.* Maloine éditeur, 2º édition, París, 1967

J. P. MARESCHI y F. COUSIN: *Composition en vitamines de soixante-sept aliments courants.* Revue Médecine et Nutrition, París, 1984, tomo XX, Nº 1.

A. MUNNICH, H. OGIER, J. M. SAUDUBRAY y colaboradores: *Les vitamines.* Masson éditeur, París, 1987.

L. RANDOIN y colaboradores: *Tables de composition des aliments.* J. Lanore éditeur, París, 1976.

S. RENAUD y colaboradores: *Table de composition des aliments.* Astra-Calvé, Courbevoie, 1982.